Must Know Korean Language Story for Children

English has become a lingua franca in many parts of the world. The reason is that the origin of the alphabet is the Greek alphabet. The ancient Egyptians were the first to invent an alphabet, but their letters were actually pictures. The actual letters used in European languages can be traced back to ancient Greece, about 500 years after the Egyptians. The Greek alphabet made a great contribution to civilization.

The Korean alphabet, Hangeul, was created by King Sejong the Great in 1443. King Sejong created Hangeul for his people to learn letters easily. Since Hangeul consists of the basic characters with minimum number of letters, and can be expanded following regular patterns or rules, it is easy to learn and efficient to use. Thus, Hangeul is easy to read and write.

Hangeul is considered one of the most scientific alphabets. Today, the Korean alphabet has 14 consonants and 10 vowels. You can make numerous words by combining 24 Hangeul letters.

Recognizing Hangeul's scientific superiority, UNESCO registered <*Hunminjeongeum Haeryebon(Hunminjeongeum)*> as a Memory of the World in October 1997. 'Hunminjeongeum' was the original name of Hangeul. It also refers to the name of a book, which was published in 1446 to record the circumstances of the period when Hunminjeongeum was created, and to document its invention principle, academic backgrounds, and more. Because of this book, today we can recognize the purpose and principles of creating Hangeul, and specifically understand its pronunciation rules and usage.

More and more people in the world are learning Hangeul. Surprisingly, many of them want to learn Korean and Hangeul to enjoy Korean culture.

Hangeul is the foundation of Korean culture. It has creative motifs as values, and it's a great facilitator of communication. Hangeul enriches Korean culture.

This book explains everything about Hangeul. Come discover the wonders of Hangeul.

In the Text

세종대왕의
한글 연구소

세종 대왕의 한글 연구소

Must Know Korean Language Story for Children

1판 1쇄 | 2017년 3월 29일
1판 6쇄 | 2024년 1월 30일

글 | 이영란
그림 | 강효숙

펴낸이 | 박현진
펴낸곳 | (주)풀과바람

주소 | 경기도 파주시 회동길 329(서패동, 파주출판도시)
전화 | 031) 955-9655~6
팩스 | 031) 955-9657

출판등록 | 2000년 4월 24일 제20-328호
블로그 | blog.naver.com/grassandwind
이메일 | grassandwind@hanmail.net

편집 | 이영란
디자인 | 박기준
마케팅 | 이승민

값 12,000원
ISBN 978-89-8389-691-9 73700

※잘못 만들어진 책은 구입처에서 바꾸어 드립니다.

이 도서의 국립중앙도서관 출판예정도서목록(CIP)은 서지정보유통지원시스템 홈페이지(seoji.nl.go.kr)와
국가자료공동목록시스템(www.nl.go.kr/kolisnet)에서 이용하실 수 있습니다. (CIP제어번호 : CIP2017001795)

제품명 세종 대왕의 한글 연구소	제조자명 (주)풀과바람	제조국명 대한민국	⚠ 주의
전화번호 031)955-9655~6	주소 경기도 파주시 회동길 329		어린이가 책 모서리에
제조년월 2024년 1월 30일	사용 연령 8세 이상		다치지 않게 주의하세요.
KC마크는 이 제품이 공통안전기준에 적합하였음을 의미합니다.			

세종 대왕의 한글 연구소

이영란 글 · 강효숙 그림

풀과바람

머리글

'한글' 하면 처음 초등학교에 입학해서 세로로 긴 종합장에 ㄱ ㄴ ㄷ ㄹ, ㅏ ㅑ ㅓ ㅕ를 쓰던 생각이 납니다.

하얀 종이에 자를 이용해 줄을 그어 칸을 만들고선 각자 좋아하는 색연필을 꺼내 글자를 썼지요.

이제는 어린이집이나 유치원을 다니지 않는 아이가 없어 초등학교에 가기 전에 글을 다 배워서 간다지요? 우리 때는 유치원도 많지 않고 지금처럼 풍요롭지도 않았어요. 학교에 가서야 글을 배웠지요. 나는 어느 정도 읽을 줄 알아서 글자를 익히는 시간이 지루하긴 했지만.

고작 한 달 남짓 배우고도 우리 반 90여 명은 곧잘 책을 읽었어요. 나는 항상 100점 받는 받아쓰기 시험에서 틀리는 아이들도 많았어요. 아무튼 한글은 참으로 배우기 쉬운 글이라는 걸 이제야 깨닫네요.

그래요, 우리에게는 한글이 있어요. 사용하는 사람이 제일 많은 문자인 한자조차도 발음을 어떻게 적을지 몰라 알파벳을 빌렸어요.

일본도 한자 없이 가나 문자만으로는 자기네 말을 적을 수 없어요. 필리핀, 싱가포르, 인도 같은 나라들은 자기네 말과 글이 있으면서도 여러 민족이 모인 나라의 특성상 모든 국민을 하나로 뭉치기 위해 영어를 써요.

만일 세종 대왕이 최만리와 같은 학자들의 반대에 부딪쳐 한글을 포기했다면 어떻게 됐을까요? 우리도 중국이나 일본처럼 한자를 쓰거나 알파벳으로 우리말을 적을지도 모릅니다. 세계의 많은 학자가 알파벳보다 한 단계 더 발전한 과학적인 문자라고 칭찬한 한글이 어떻게 생겼는지 역사 시간에나 배우고 말았겠지요.

오늘날 영어가 세계 공용어로 우뚝 선 것은 현대 알파벳의 기원이라 할 수 있는 그리스 문자 덕분이에요. 이보다 앞서 스핑크스, 피라미드 같은 찬란한 문화를 누린 이집트 인들도 문자를 발명했지만 500년경에 급격하게 사라지고 말았어요.

반면 고대 그리스 인들은 이집트 문자보다 훨씬 쉽게 배울 수 있는 알파벳 문자를 발명했어요. 그 문자로 자신들의 지식을 기록하여 다음 세대로 잘 전달해 '서양 문명의 뿌리'가 되었답니다.

오늘날 한글은 한류의 바람을 타고 외국인들에게도 친근해지고 있어요. 여전히 세계의 언어학자들은 한글을 "인류가 쌓은 가장 위대한 지적 유산 가운데 하나", "세상에서 가장 과학적인 문자 체계", "완벽으로 향하는 길에 있는 문자"라며 극찬을 아끼지 않습니다.

하지만 아직도 외국인을 만나거나 외국에 나가면 한국어로는 잘 통하지 않지요. 여전히 영어가 대세입니다. 조선 시대에는 한자, 한문에 밀리고, 지금은 영어에 밀리고 있어요. 언제쯤 한글이 세계 최고의 문자로서 신바람 날 수 있을까요?

이영란

차례

6. 열려라, 한글 시대

7. 훈민정음 해례본

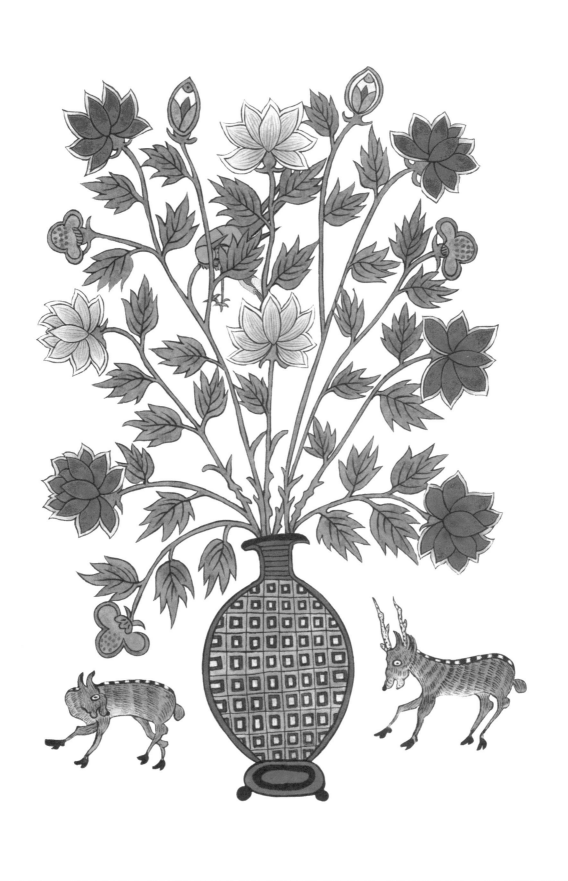

1. 말이 있으면 글도 있어야지

멀고 먼 옛날에도 지금 우리가 하는 말을 썼는지 모르겠지만, 이것 하나만은 분명해요. 말이 있다고 해서 저절로 글이 생겨난 건 아니라는 것을요. '문자'가 생겼다고 해서 누구나 그것을 사용한 것도, 누구든 쓸 수 있게 한 것도 아니랍니다.

말로는 해결할 수 없는 것들

까치, 개, 고양이, 말, 소 등 동물들에게도 그들만의 말이 있듯이 우리 인간들도 말로써 서로 생각을 나누었어요.

사람들이 모여들고 마을이 커지면서 말로는 해결할 수 없는 약속이나 문제들이 생겨나기 시작했지요. 문자가 없던 때에는 이를 그림으로 표시했어요. 울산 태화강 절벽에 새겨진 울주 대곡리 반구대 암각화가 그것이지요.

기분을 어떻게 표현해?

'나는 배가 아파'를 그림 문자로 표현하려면 어떻게 그려야 할까요? 기쁨, 슬픔, 우울, 아픔처럼 눈에 보이지 않는 느낌이나 감정을 그림으로 표현하는 건 참으로 어려운 일이지요.

더욱이 농사를 짓게 되면서부터는 먹고사는 것에 대한 모든 것을 글로 남겨야 했어요. 전보다 여유로운 삶을 살려면 기억하고 가르쳐야 할 것들이 많아졌기 때문이지요. 그래서 사람들은 문자를 만들기 위해 노력했어요. 그중 가장 오래된 문자는 쐐기 문자(설형 문자)예요. 기원전 3100년쯤, 오늘날 이라크 남부 지방에서 살던 수메르 인이 사용했어요.

난 너를 좋아해!

붓과 한자

오랜 옛날부터 아시아의 여러 나라는 중국 고유의 문자인 한자를 받아들여 감정과 생각 등을 표현하고 문화를 발전시켜왔어요. 중국, 타이완(대만), 대한민국, 일본, 북한, 베트남, 싱가포르를 아울러 '한자 문화권'이라고 하지요.

언제부터 우리 조상들이 한자를 써 왔는지는 정확히 알 수 없어요. 하지만 창원 다호리 유적에서 기원전 100년 즈음의 유물인 붓이 발견되면서 그 이전부터 한자로 글을 써 왔음을 짐작할 수 있어요. 2300년 전부터 한반도에는 문자 문명이 활발하게 전개되고 있었지요.

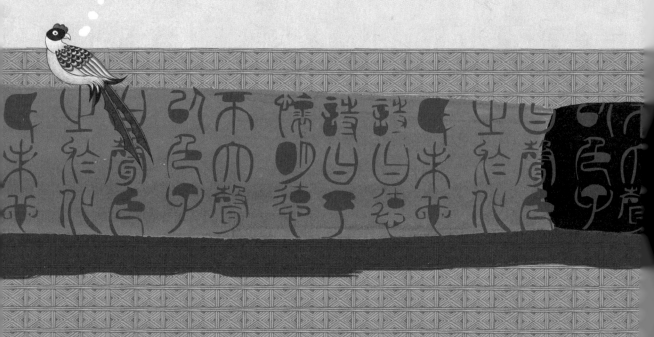

기원전 100년 정도 된 붓이라!
우리 조상들은 2000년 훨씬 전부터
한자를 썼다는 거군.

한자로는 우리의 진심을 표현할 수 없어

우리 문자가 없어서 한자를 받아들이기는 했지만, 사람의 마음 상태나 세상을 알아보고 판단한 것들을 표현하기에는 부족한 점이 있었어요. 이를 해결하기 위해 한자를 빌려서 우리말을 적는 표기법을 사용하기도 했어요. 향찰, 구결, 이두가 그것이에요.

특히 신라 시대의 유물인 보물 제1411호 〈임신서기석〉은, 비록 한자를 빌려서 쓰기는 했지만, 두 청년이 다짐한 바를 우리말 하듯이 남긴 최초의 기록이에요.

임신서기석, 552년 또는 612년. 32 × 12.3cm.
국립 경주 박물관 소장.

19

배움의 즐거움을 알지 못하니

조선의 제4대 임금인 세종 대왕은 세자 시절, 책을 펼쳤다 하면 책 속의 숨은 뜻을 완전히 이해할 때까지 백번 읽고 백번 써야 끝을 맺었어요. 항상 독서를 즐겼던 세종 대왕은 백성들도 자신처럼 배움의 즐거움을 느끼길 바랐어요.

하지만 한자는 과거에 급제해 출세하기 위해 공부만 해야 했던 양반들조차 막힘이 없이 쓰려면 20년을 공부해야 했을 정도로 어려운 문자였어요.

과거 급제가 뭐라고…

한자가 저리 어려우니 공부하는 재미가 있겠어?

농민을 깨우치고 가르치다

　조선 시대에는 '하늘 아래 큰 근본'이라 하여 농사를 가장 중시했어요. 세종은 백성들을 위해 농사짓는 법을 비롯하여 농사와 관련한 것들을 책에 담았어요. 하지만 아직 우리글이 없어 한자로 썼기에 백성들은 그 책들을 읽을 수 없었지요.

　세종 대왕은 농민들이 책을 직접 읽으면서 농사짓기를 간절히 바랐어요. 그래서 우리말을 제대로 표현할 방법을 찾기 시작했죠. 한시를 지을 때 도움이 되는 소리를 다룬 책들과 세상의 이치를 다룬 성리학 책들, 한자의 음과 뜻을 풀어놓은 옥편들을 속속들이 파헤쳤어요.

한자로 쓰여 있어 읽지 못합니다.

백성을 위한 마음

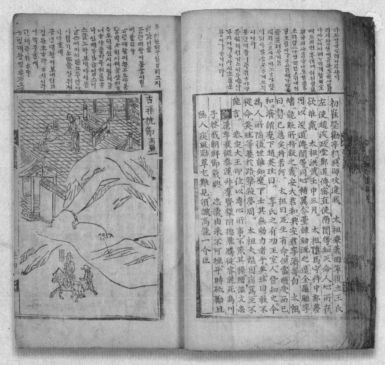

삼강행실도, 1434년. 37.5 × 23.5cm. 국립 중앙 박물관 소장.

신하는 임금에게 충성하고, 자식은 부모에게 효도하는 것을 중시했던 조선에서 아들이 아버지를 살해하는 끔찍한 사건이 일어났어요. 세종 대왕은 다시금 세상에 효를 다하는 풍습을 널리 퍼트리기 위해《삼강행실도》를 만들라고 명령했어요. 한자를 모르는 백성들도 그 내용을 알게 하려고 그림도 그려 넣었지요.

하지만 온통 한자투성이에 드문드문 그려진 그림만으로는 그 내용을 이해할 수 없었어요. 이를 안타깝게 여기던 세종 대왕은 1443년에 백성들이 쉽게 배울 수 있는 글자를 만들었어요. 바로 '훈민정음'이에요.

훈민정음에 담긴 큰 뜻

세종 대왕은 1446년에 우리글인 훈민정음을 만들었노라 세상에 알렸어요. 훈민정음은 '백성을 가르치는 바른 소리'라는 뜻이에요. '바른'이란 꾸밈말을 붙인 까닭은, 우리말을 옳게 적은 글자라는 뜻을 나타내기 위해서지요.

당시 '훈'이라는 글자는 여자들이나 신분이 낮은 아랫사람에게 쓰던 말이에요. 이 이름만으로도 세종 대왕이 글을 모르는 백성들을 위해 글자를 만들었음을 알 수 있어요.

뭐라, 조선이 글자를 만들었다고?

나 같은 백성을 위한 글자이지요.

'훈'이란 아랫사람에게 쓰던 말.

訓 훈

民 민

또 다른 이름 언문

그때는 한글이 훈민정음보다는 언문이라는 이름으로 많이 불렸어요.
언문을 흔히 '한글을 낮춰서 부르는 말'로 풀이합니다. 한자를 우수한
문자로 여겼기 때문에 한글을 낮춰 부른 걸까요?

하지만 한 가지 의문점이 생겨요. 《조선왕조실록》에
"임금께서 친히 언문 28자를 지으셨으니"라
고 했는데, 감히 임금이 직접 한 일에 대
해 낮춰서 말할 수 있을까요?

백성을 위한
내 마음을 담았지.

언문이라…

천한
글이요!

공부하러 갑니다!

천한 것과 일상적인 것

언문을 한자로 쓰면 '諺文'입니다. '諺'에는 점잖지 못하고 상스럽다는
뜻이 있어요. 한편 속어, 속담이라는 뜻도 있지요. 이는 사람들 사이에서
널리 쓰는 말이라는 뜻이에요.

조선 제21대 임금 영조도 세종 대왕이 훈민정음 창제한 것을 칭송하
는 글에서 한글을 언서라고 하여 '諺' 자를 썼어요. 이로써 언문은
한글을 낮춰서 부른 말이 아니라 일반적으로 널리 쓰는 말을 의미
하지요. 만일 '천하다'라는 뜻으로 썼다면 신분이 천한 사람
들만 쓰는 말이라고 한마디 보탰을 거예요.

귀로도 눈으로도 통하는 우리말과 우리글

세종 대왕이 훈민정음을 창제하기 전까지는 '國之語音 異乎中國'을 적으면 오로지 글을 배운 양반만이 그 뜻을 알 수 있었습니다. 글을 배우지 못한 사람들은 양반이 "나라말이 중국과 달라서"라고 뜻을 풀어 줘야만 알아들을 수 있었죠.

다시 말해 조선에서는 쓰는 것 따로, 말하는 것 따로 쓰였어요. 당시에 글을 배운 양반들이라 해도 서로 대화할 때는 '국지어음 이호중국'이라고 하지 않았을 거예요.

실제로 한자는 글자마다 뜻이 있습니다. 韓(한국 한)과 漢(한나라 한)은 똑같이 '한'이라고 읽어도 각기 '한국'과 '중국'을 뜻하기 때문에 소리만으로는 무엇을 말하는지 정확히 알 수 없습니다.

한글은 말소리를 고스란히 기호로 나타낸 소리글자라서 읽기만 해도 단박에 무슨 뜻인지 알 수 있지요. 하지만 한자는 글자마다 그 뜻을 모르면 무엇을 말하고자 하는지 알 수 없어요.

그동안 소식을 알리려고 길거리에 써 붙인 방을 보고도 무슨 뜻인지 몰라 눈만 껌벅거리던 백성들은 얼마나 좋았을까요?

2. 새 글자는 아니 되옵니다

아니 되옵니다 …

실제로 훈민정음이 배우기 쉬운지 하나둘 확인해 나가던 세종 대왕에게 굵직한 두루마리 상소가 하나 올라옵니다. 집현전의 책임자나 다름없던 최만리가 훈민정음 창제에 반대하는 이들의 의견을 모아 구구절절 간곡한 글을 올린 것이지요.

한글이 백성들이나 쓰는 상스러운 말이라서 반대한 건 아니었어요. 그는 새로운 문자를 만들어 낸 세종 대왕의 능력이 매우 뛰어나다고 인정했답니다.

중국을 거역할 수 없어

최만리는 나라의 관리로서 중국과의 관계를 걱정했어요. 당시 조선은 작은 나라로서 큰 나라를 섬기는 위치에 있었어요. 그런데 그동안 써 오던 한자를 버리고 새로운 문자를 쓴다는 것은 중국과 맞서는 꼴이었어요. 호시탐탐 조선 땅을 침략하려는 오랑캐가 있는 마당에, 중국을 적으로 두어봤자 조선에 좋을 게 없었답니다.

우리 명나라에 맞서는 꼴이 아닙니까?

당시 중국은 땅덩이가 넓은 만큼 세계의 여러 나라와 폭넓게 교류하고 있었어요. 동방의 작은 나라인 조선의 처지에서는 새로운 문물이 수시로 드나드는 중국의 문물을 받아들이는 것이 중요했어요. 양반들은 중국의 한자를 읽고 쓸 줄 알아야 우수한 문화를 받아들일 수 있다고 믿었어요. 물론 자신의 출세에도 유리하다고 여겼지요.

한글은 너무 쉬워

만일 한글을 버리고 이제부터 러시아의 키릴 문자나 아랍 문자를 써야 한다면 기분이 어떨까요? 아마도 이를 순순히 받아들이는 사람은 아무도 없을 거예요.

당시에도 마찬가지 상황이었을 거예요. 한자는 한 자 하나하나에 뜻이 있어서 山(뫼 산) 자를 보면 단박에 풀과 나무, 새와 짐승들이 어우러진 산을 떠올릴 수 있어요. 하지만 훈민정음은 한 번도 써 본 적 없는 글자인 데다 ㅅ에도 ㅏ에도 ㄴ에도 아무 뜻이 없어서 의미가 없다고 여겼답니다.

게다가 28자만 익히면 된다고 하니, 양반
들은 선비들이 공부에 전념하지 않을까
봐 걱정했어요. 선조들이 이뤄온 역사와
문화 등을 익혀 과거 시험을 보려면 밤낮
으로 공부해야 했거든요. 하지만 온 백성이
한글을 익히면, 한자로 쓰인 다양한 지식이 더
는 쓸모없는 것이 될까 봐 두려워했어요.

50년간 공부한 것들이
다 소용없게 된다면…

글은 양반만 알면 돼

무엇보다도 양반들이 한글을 순순히 받아들일 수 없었던 이유는, 백성들이 글을 알게 되면 자신들이 수월하게 일할 수 없다는 생각에서였어요.

똑똑해진 백성들은 너 나 할 것 없이 과거를 봐서 출세하려 할 테고, 더는 몸을 쓰는 험한 일을 하려 들지 않을 테죠. 나라에서 하고자 하는 일마다 옳고 그름을 따지면 관리들은 자신들의 잇속을 차리기가 어려웠을 거예요. 백성들의 눈치를 보느라 마음대로 다스리지도 못했을 거고요.

한글을 쓰면 아무나 과거 보겠다고 나설 거요.

아는 게 많아지면 이것저것 따질 테고…

한글 사용 안 돼!

34

세종이 훈민정음을 만든 또 다른 이유

세종 대왕이 한글을 만든 데에는 최만리가 미처 알아차리지 못한 또 다른 이유가 있었어요. 한글을 익히면 한자를 좀 더 쉽게 배우고 가르칠 수 있었죠.

한자는 뜻글자라서 각각의 한자를 어떻게 발음해야 하는지 글로 적는 건 중국인조차 무척 어려운 일이었어요. 당연히 조선의 선비가 한자를 제대로 읽는 것은 더더욱 힘든 일이었지요.

조선의 한자음은 통일 신라 시대에 받아들인 중국 당나라의 한자음이 바탕이 된 것이라서 자꾸만 바뀌는 중국의 한자음과는 다른 것이 많았어요. 중국의 한자음은 나라가 바뀔 때나 임금이 바뀔 때마다 많이 달라졌거든요.

통역관인 나도 통역을 못하겠어.

이는 한시를 짓거나 중국과 문서를 주고받을 때, 중국의 사신을 맞이할 때 문제가 되었어요. 잘못 통역하거나 한자를 잘못 써서 국가적으로 곤란에 빠지기도 했어요.

중국에선 나라가
바뀌면서
한자음도 달라졌거든.

3. 한글은 누가 썼을까?

한글을 만들기만 하고 사용하지 않았다면 오늘날 우리는 과연 한글을 쓰고 있을까요? 어쩌면 베트남 사람들이 한자를 빌려 쓰다가 로마식 문자를 쓰듯이 알파벳으로 글을 쓰고 있을지도 모릅니다.

한자의 요소를 독특하게 결합한 베트남 고유의 단어 문자 '쯔놈'이 있었어요.

중국은 한자 수가 너무 많아서
간자체를 쓰지요.

중국도 자기들 말의 발음을 적기가 힘들어서 '병음'이라 하여
알파벳의 힘을 빌렸어요. 한자 수가 너무 많은 나머지 2235자를
간단하게 만든 간자체를 쓰지요.

쓰지 않는다면 사라질 수 있어요. 14세기부터 널리 쓰던 베트
남의 '쯔놈'처럼 말이에요.

한자의 기세에 눌려 있었지만, 다행히 한글은 점차 백성들의
생활 속으로 파고들어 갔어요.

시험도 보고 책도 펴내고

세종 대왕은 최만리와 같은 지식인들의 반대에도 훈민정음을 실제로 사용하기 위해 많은 노력을 기울였어요.

먼저 훈민정음이 쉽게 배울 수 있는 문자인지 아전 10여 명에게 가르쳐 확인했어요. 한자의 뜻과 소리를 훈민정음으로 적어 한자를 쉽게 익히도록 돕는 책도 만들고, 문서를 다루는 관리를 선발하는 과거에 한글 쓰기를 포함하기도 했지요.

조선 건국을 축하하는 시를 담은 《용비어천가》, 불교 내용이 담긴 《석보상절》과 《월인천강지곡》 등을 펴내어 훈민정음을 퍼뜨리기 위해 애썼답니다.

훈민정음으로 쓴 최초의 국문학 작품

수양 대군이 아버지 세종의 명에 따라
어머니 소헌 왕후의
명복을 빌기 위해 쓴 책

여성들은 생활 곳곳에서

세종이 훈민정음을 만든 가장 큰
이유는 남자든 여자든 신분이 높든
낮든 조선의 백성이라면 모두 자기 생각
을 글로 나타내기 위함이에요.
　구겨진 옷감을 펴는 데 쓰는 다듬잇돌, 떡이나
쌀을 찔 때 쓰는 시루, 버선을 만들 때 쓰는 버선본,
술을 담아두는 술병, 실을 감아두는 실패, 밥상, 보
자기, 항아리, 떡살 같은 여자들이 사용
하던 물건에 한글이 쓰여 있는 것들이
많은데, 당시에 여자들이 한글을 배워
서 두루 썼다는 것을 알 수 있어요.

여인들도 쉽게
한글을 쓰고 배웠어요.

세종이 석가모니의
공덕을 찬양하여 지은
노래를 실은 책

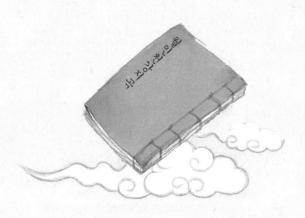

더는 까막눈이 아니야

세종 대왕이 훈민정음을 창제하기 전에는 글이라곤 모르던 백성들은, 점차 글을 익혀 책과 도구로 운세를 점치고 부적으로 좋지 않은 일을 미리 막고자 했어요.

가족이 죽으면 비석을 세워 안타까움을 달래고, 악보를 보며 노래를 부르고 악기를 연주했어요. 분하고 답답한 일을 당하면 글을 써서 억울함을 하소연하기도 했지요.

훈민정음이 백성들 사이에 퍼지면서 편지로 서로 소식을 전하기도 하고, 한글로 쓴 소설까지 등장했어요. 양반들만 읽던 문학 작품을 백성들도 즐기게 된 거예요.

길동이 불쌍해…

좋은 임금님 덕분에 백성들이
책을 읽게 되었어.

가족과 대화가 필요해

양반과 관리들은 한자와 한문만을 익히길 원했지만, 글을 모르는 사람에게 나라의 일을 알릴 때는 한글을 써야만 했어요. 또 가족인 어머니와 아내, 시집간 딸들에게는 그들이 한글을 알고 있기에 한글로 편지를 써서 소식을 전하는 편이 더 좋았지요.

한자와 한문을 익힐 때도 한글로 발음이 적힌 《천자문》으로 공부했어요. 한자는 시대에 따라 읽는 법이 달랐는데, 한글로 적어 놓으니 세월이 지나도 달라지지 않아 쓸모가 있었죠. 이황과 이이 같은 학자들도 한글로 성리학을 논하고 시를 읊었답니다.

임금도 한글을 배워?

온 백성의 일을 알아야 했기에 왕실에서도 한글을 익혔어요. 장차
임금이 되어 나라를 이끌어야 하므로 세자는 어릴 때부터 보모에게서
한글을 익혔어요.

나도 배울 테야!

한글 배우는 날이
제일 좋아요!

44

왕족들 가운데 대왕대비, 대비, 중전, 공주들은 한자와 한문을 알고 있었지만, 글을 쓸 때는 한글을 사용했어요. 그들의 생각을 이해하고 정을 나누려면 임금도 당연히 한글을 알아야 했지요.

　　왕위에 오르지 못하는 남자 형제들은 먹고사는 데는 아무 문제가 없었고 과거는 볼 수 없었기에 공부에 소홀히 하는 경우가 많았어요. 임금의 형제로서 허구한 날 놀고먹기만 해서는 백성들에게 부끄러운 일이 아닐 수 없지요. 그래서 여덟 살부터 쉰 살이 될 때까지 공부하도록 했는데, 쉽게 학문을 익히도록 한글로 된 책으로 공부하기도 했어요.

오늘은 한글 배우는 날,
모두 나를 따르라!

암호로 쓰인 한글

조선 시대에는 적의 침입으로 세 차례에 걸쳐 큰 전쟁이 있었어요. 하나는 일본이 침입하여 일어난 임진왜란이고, 나머지는 청나라가 일으킨 정묘호란과 병자호란이 그것이지요.

이때 적에게 우리의 계획을 들키지 않기 위해 암호를 사용했는데, 그때 한글을 썼어요. 적에게 붙잡혀 포로가 된 조선 사람이 적의 상황을 한글로 적어 몰래 알리기도 했지요.

또한 중국이나 일본 등 다른 나라에 알려지기를 원치 않는 조선의 기밀이나 기술을 한글로 기록하기도 했답니다. 당연히 한글을 외국에 알리는 것도 금지였지요.

백성에게 이르노니

1592년 4월, 선조는 거침없이 몰려드는 일본군을 피해 피란길에 올랐어요. 이듬해 전쟁이 어느 정도 진정되자, 한양에 다시 돌아오기 전 한글로 글을 써서 백성들이 오가는 길거리에 내붙였어요.

그것은 왜적에게 투항했더라도 죄를 묻지 않고 적을 위해 공을 세웠다 하더라도 벼슬을 내리겠다는 것이었어요. 다시 돌아오고 싶어도 적국을 도왔다는 이유로 화를 당할까 봐 의심하는 자들의 마음을 돌리려는 방법이었어요.

4. 조선 시대 한글 공부법

온통 한자뿐이던 세상에 한글이 등장했어요. 세종 대왕의 뜻에 따라 어리석은 백성도 글을 익힐 수 있었어요. 과연 이들은 어떻게 한글을 익혔을까요?

한자도 익히고 한글도 공부하는 《훈몽자회》

《훈몽자회》는 훈민정음의 기본 지식을 담아 한글을 먼저 익힌 뒤 한자를 공부할 수 있도록 한 책이에요. 《천자문》의 첫 구절은 '天地玄黃(천지현황)', '하늘은 검고 땅은 누렇다'예요. 《천자문》은 이렇게 4자씩 모아 한 문장을 만든 반면, 《훈몽자회》는 비슷한 뜻을 가진 한자를 모아 한글로 음과 뜻을 달았어요. 한 번에 한글과 한자, 두 가지를 공부할 수 있으니 꿩 먹고 알 먹기였죠.

어려운 한자를 어떻게 공부해야 할까요?

자, 여기 어린이들의 한자 학습을
위해 지은 책이 있단다.

선생님 없어도 한글을 익힐 수 있어

'ㄱ(기역), ㄴ(니은)…' 우리는 이렇게 각각의 한글 자모(낱자)를 읽을 수 있어요. 하지만 세종 대왕이 처음에 글자를 만들었을 때는 이름이 없었어요.

1527년에 최세진은 《훈몽자회》를 만들면서 자모의 이름을 짓고, 첫소리(초성)와 끝소리(종성)에 두루 쓰이는 8자(ㄱ, ㄴ, ㄷ, ㄹ, ㅁ, ㅂ, ㅅ, ㆁ)를 정했어요. 첫소리에만 쓰이는 글자(ㅋ, ㅌ, ㅍ, ㅈ, ㅊ, ㅿ, ㅇ, ㅎ)도 정했는데, 이는 받침으로는 쓰지 않는다는 뜻이에요. 또 가운뎃소리(중성)에만 쓰이는 11자(ㅏ, ㅑ, ㅓ, ㅕ, ㅗ, ㅛ, ㅜ, ㅠ, ㅡ, ㅣ, ㆍ)도 정리했어요.

재미있는 글자의 이름

기역, 니은, 디귿, 리을, 미음, 비읍, 시옷, 이응, 키, 티, 피, 지, 치, ㅿㅣ, 이, 히. 이 이름들이 《훈몽자회》에서 정해졌어요. 그중에서 키, 티, 피, 지, 치, ㅿㅣ, 이, 히는 우리가 알고 있는 이름과 다르지요? 그 이유는 이 글자들이 첫소리, 즉 글자 첫머리에만 쓰이기 때문이에요.

ㄱ(기역)은 '기'의 ㄱ처럼 첫소리에, '역'의 받침 ㄱ처럼 끝소리에 모두 쓸 수 있어요. 그래서 이름도 두 글자랍니다. 반면에 '키'는 글자 첫머리에만 쓰이기 때문에 받침으로 쓴 글자는 만들지도 않고 이름도 붙이지 않은 거예요.

반절표

조선 초기에는 《훈몽자회》처럼 ㄱ, ㄴ, ㄷ의 자음과 ㅏ, ㅑ, ㅓ, ㅕ의 모음을 익혀 가, 갸, 거, 겨 같은 받침이 없는 글자를 배운 뒤 각, 간, 갇, 갈 등의 받침이 있는 글자를 익혔어요.

이후에는 '언문 반절표'라고 하여 자음과 모음을 함께 쓴 것과 받침이 있는 글자들을 모아 놓은 것으로 한글을 익혔지요. 한글 글자와 비슷하거나 같은 소리를 내는 한자 또는 사물을 그림으로 그려 넣어 이해를 돕기도 했어요. '가갸거겨고교구규그기ㄱ'에는 '개' 그림을 그려 넣거나 可(더할 가)를 써 놓는 식이랍니다. 한글 소설이나 많은 교과서에 넣은 반절표로 한글을 익혀 혼자 힘으로도 글을 읽을 수 있도록 한 거예요.

언문 반절표, 20세기. 홍윤표 소장.
국립 한글 박물관 제공.

공책 대신 분판

옛날에는 종이가 귀하고 칠판도 없었어요. 한지를 두껍게 붙여서 만든 '종이판' 또는 나무판에 기름을 먹인 '분판'에 쓰기 연습을 했어요.

분판은 기름을 먹였기 때문에 먹을 묻힌 붓으로 글씨를 써도 먹이 종이판에 흡수되지 않아 물로 지울 수 있었지요.

본문 뒤풀이

'가갸 거겨 고교 구규'로 시작해서 '하햐 허 혀 호효 후휴 흐히 ᄒ'로 마무리되는 듯 싶다가 다시 'ㄱㄴㄷㄹㅁㅂㅅㅇ'으로 끝 나는 문장 익히기 놀이로 '본문 뒤풀이'가 있어요. '가갸'에는 '가'로 시작하는 문장 을 쓰고, '나냐'에는 '나'로 시작하 는 문장을 쓰면 돼요.

나무로 잘 만들었으니 이제 기름을 먹여야지.

먹으로 쓰고

물걸레로 지우고!

애썼어요. 이제 분을 들기름에 개어 먹이면 돼요!

55

붓으로 한글을 쓰면

옛날에 글을 쓸 때는 붓을 사용했기 때문에 옛 책에 쓰인 글자를 보면 끝부분으로 갈수록 붓의 흔적이 두드러져요. 하지만 한글을 창제했을 당시의 책을 보면 글씨가 마치 나뭇가지로 쓴 것 같지요.

이는 세종 대왕이 붓, 종이, 벼루, 먹 다시 말해 '문방사우'를 접할 일 없는 백성들을 위해 글자를 만들었다는 또 다른 증거예요. 한글이 나뭇가지로 땅에 쓰면서 익힐 만큼 쉬운 글자라는 뜻이지요.

반면 양반들은 붓으로 한글을 쓰다 보니 한글에도 붓의 흔적이 남고, 한자를 쓰듯이 두 글자를 연이어 쓰게 됐으며, 한자의 서체와 점점 닮아 갔어요. 점차 쓰기에 편리한 모양을 갖추게 되고, 궁녀들이 쓰면서 '궁체'가 됐어요.

나뭇가지로 쓴 글씨

훈민정흠

주사위를 던져라

조선 시대에 '공부' 하면 방에 틀어박혀 책만 붙잡고 있는 모습을 상상하나요? 물론 공부하려면 책이 꼭 필요하지만, 놀이를 통해서도 한글을 익혔어요.

한글 학습용 놀이 '조선문 연습도'가 있었어요. 주사위를 던져서 1점이 나오면 '아야', 2점은 '어여', 3점은 '오요', 4점은 '우유', 5점은 '으이', 6점은 '중학대학관'에 갈 수 있는 놀이로, 중학대학관에 빨리 가는 사람이 이기는 놀이지요.

5. 한글의 위기

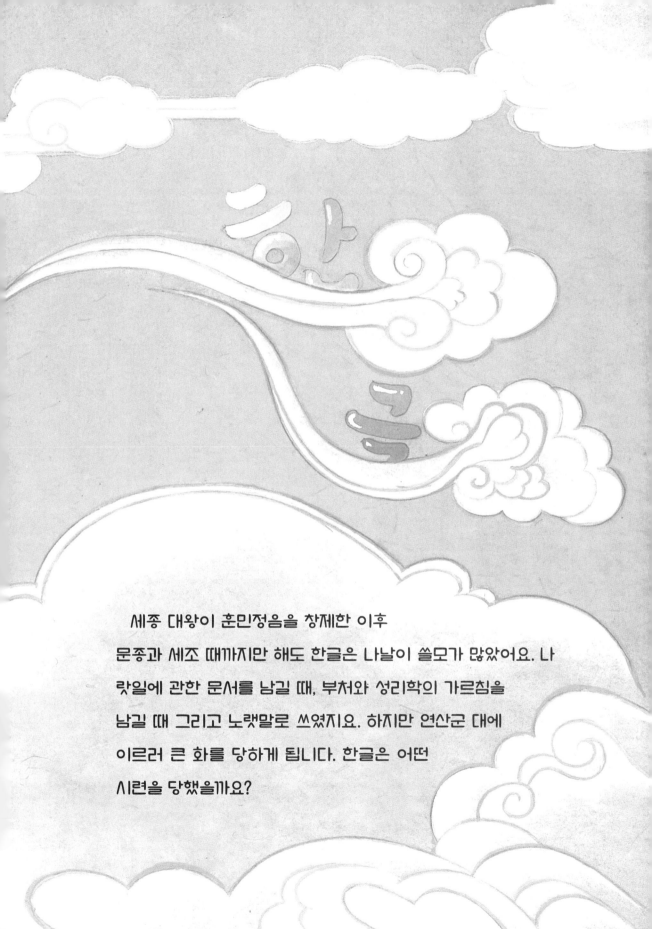

　　세종 대왕이 훈민정음을 창제한 이후

문종과 세조 때까지만 해도 한글은 나날이 쓸모가 많았어요. 나

랏일에 관한 문서를 남길 때, 부처와 성리학의 가르침을

남길 때 그리고 노랫말로 쓰였지요. 하지만 연산군 대에

이르러 큰 화를 당하게 됩니다. 한글은 어떤

시련을 당했을까요?

감히 한글로 임금을 비난하다니!

1504년의 어느 더운 여름날, 조선의 제10대 임금인 연산군을 분노케 한 일이 궁궐 내에 벌어졌어요. 임금의 잘못을 한글로 적은 글이 사람들의 입에 오르내렸답니다.

연산군의 어머니는 후궁들을 질투해 성종의 얼굴에 상처를 내고 왕비 자리에서 쫓겨난 뒤 사약을 받았어요. 연산군은 그 일과 관련한 사람들을 잡아들여 죽였죠. 더불어 나랏일은 제쳐놓고 먹고 마시고 노는 일에만 신경을 썼어요. 이에 연산군을 비난하는 사람들이 생겨났어요.

어떡해,
소중한 문화재가 사라지겠어.

한글을 가르치지도 배우지도 마라

분노한 연산군은 범인을 찾아내라
하고는 "앞으로 한글을 가르치지도 말
고 배우지도 말며, 이미 배운 자도 쓰지
못하게 하라. 언문을 아는 자는 고발하고,
알고도 고발하지 않는 자는 이웃 사람까지 벌을 주어라."라는 명
령을 내렸어요.

하지만 범인은 쉽사리 잡히지 않았어요. 그러자 이번에는 한글로 쓰
인 책들을 모조리 불에 태워 버리라고 했어요. 당시에 얼마나 많은 책이
사라졌는지는 알 수 없지만, 오늘날 문화재가 됐을 소중한 책들을 잃고
말았지요.

잡아들여 ──── !!

한글을 쓸 줄 알아도 모른 척

도무지 누가 범인인지 찾아낼 수 없자, 관리들의 한글 글씨체를 비교하기 시작했어요. 백성들에게 글씨체를 보여 주고 신고하게 했고요. 뒷날 같은 일이 벌어지면 쉽게 범인을 찾을 수 있도록 한자든 한글이든 글을 쓸 줄 아는 사람의 글씨를 모아두었어요.

이렇듯 범인을 찾기 위해 갖가지 수를 써 봤지만 누가 범인인지는 밝혀지지 않았어요. 다만 개인적인 원한을 갚기 위해 엉뚱한 사람을 고발하는 일만 벌어졌답니다.

이 사건으로 많은 사람을 잡아들였지만, 딱히 죄인을 밝히지는 못했어요.

글은 있으나 쓴 사람은 없구나.

사건이 얼추 마무리되자, 연산군은 자신의 행동을 반성하며 한글로
책을 펴내게 했어요. 새로운 음악을 만들어 한자와 한글로 쓴 가사를 기
생에게 배우게 했어요.

몰라?

한글이 뭐예요?

가갸거겨

일본어는 무조건, 우리말은 배우고 싶은 사람만

세종 대왕이 한글을 만들기 위해 궐 안에 설치했던 언문청이 사라진 뒤로 양반집 여자들과 일부 백성들만 사용하던 한글은 1894년 11월 22일에 드디어 공식 문자로 인정받았어요.

하지만 1910년 일본에 강제로 국권을 빼앗기면서 '나라말'의 자리를 일본어에 내줄 수밖에 없었어요. 우리나라의 독립 의지를 전 세계에 알린 3·1 운동 이후에는 우리말보다 일본어를 더 많이 공부해야 했지요. 1937년에는 학교에서 우리말 수업이 사라지고 말았어요.

64

이름도 마음대로 지을 수 없어

문화가 사라진 민족은 살아남기가 어렵다는 것을 잘 알고 있던 일본은 한글로 이름을 적지도, 우리 고유의 말로 이름을 짓지도 못하게 했어요.

우리나라는 예로부터 어릴 적에는 돌개, 이쁜이, 아기 같은 고유어로 이름을 짓고 어른이 되면 한자식 이름을 지었어요. 그런데 더는 한글 이름을 지을 수 없게 된 거예요.

조선인을 일본인으로 만들어라

독일과 더불어 제2차 세계 대전을 일으켜 세상을 어지럽히던 일본은 그 기세를 이어가기 위해 우리 민족을 이 지구에서 완전히 없애 버리기로 했어요. 우리의 성과 이름을 강제로 일본식으로 바꾸게 한 것이죠. 이것을 '창씨개명(일본식 성명 강요)'이라고 해요. 조선인들을 전쟁에 참여시키기 위한 아주 좋은 꼼수이기도 했지요.

만일 일본식으로 이름을 바꾸지 않으면 아이들은 학교에 다니지 못하거나 학교에 다니더라도 허구한 날 꾸지람을 듣고 매를 맞아야 했어요. 어른들은 직업을 구하는 것도 어려웠고, 감시의 대상이 됐어요. 전쟁을 위한 연료나 물품을 마련하기 위한 탄광이나 공장에 강제로 가야만 했고요. 철도로 우편물을 보낼 때 조선인 이름으로 된 것은 받아 주지도 않았답니다.

헉헉, 말 안 듣는 조선인이 너무 많아.

감히 일본 명령을 거역하다니!

저는 일본식으로
이름을 바꾸지 않았어요.
그래서 학교도 못 가고
감시의 대상이
되었어요.
앞으로 저는
어떻게 될까요?
창씨개명
거부
군수 공장에
보내!

한글과의 전쟁

1945년 광복을 맞이하여 우리 민족은 우리글을 쓰고 이름도 마음껏 짓고 부를 수 있게 됐어요. 그러나 안타깝게도 5년 만에 6·25 전쟁으로 또다시 힘든 시간을 보내야 했지요.

당시 대통령이었던 이승만은 삶과 죽음이 오가는 혼란 속에서 또 다른 전쟁을 벌이기로 했어요. 일정한 법칙에 따라 한글을 써야 했던 철자법에 불편을 느끼고 예전처럼 소리 나는 대로 쓰자고 한 것이죠.

하지만 이미 익숙해진 한글 맞춤법을 하루아침에 바꾸려는 시도는 많은 이의 반대에 부딪쳤어요. 이를 '한글 간소화 파동'이라고 해요.

고집부린다고 되겠어?

이승만 대통령은 전쟁이 끝난 뒤에도 고집스럽게 새 언어 정책을 시행하려 했어요. 하지만 1955년 돌연 국어에 관해 더는 문제 삼지 않기로 했어요. 당시 미국과 UN의 도움을 받아 《우리말 큰사전》이 발간되고 있었는데, '한글 간소화'를 하면 모두 소용없게 되기 때문이지요.

전쟁 뒤 폐허나 다름없던 시기에 우리나라는 미국의 도움이 절실했어요. 대통령 한 사람의 고집으로 그동안 애써오던 일을 그르쳐서 미국의 기분을 상하게 할 수는 없었답니다.

6. 열려라, 한글 시대

1894년, 한글은 창제된 지 450년 만에 대한민국의 공식 문자가 됐어요. 하지만 한자와 한문에 밀려 오랫동안 인정받지 못한 탓에 사람마다 소리도 달리 내고 쓰는 것도 각기 달랐어요. 모든 사람이 세월이 지나도 막힘없이 오해 없이 통하게 하려면 많은 노력이 필요했어요.

한글이란 이름으로

우리글은 '훈민정음', '정음', '언문', '언서', '반절', '암글', '국문' 등의 많은 이름을 가지고 있었어요. 독립운동가이자 국어학자인 주시경은 우리말을 '한나라말'로, 우리글을 '한나라글'로 만들어 썼어요. 우리 겨레의 말글이란 뜻으로 잠깐 '배달말글'로 불리기도 했지요. 그러다가 1913년에 '한글'이라고 고쳐 불렀어요.

한글이 무엇을 뜻하는지는 여러 의견이 있는데, 대체로 '대한 제국의 글자'라는 뜻으로 의견이 모여요. '한'은 '위대하다', '크다', '바르다', '하나', '밝다', '높다' 등 좋은 뜻을 여러 개 품고 있기도 하지요.

한자를 알아야 유식하지

우리 땅에서 1000년 넘게, 조선 시대에는 양반들이 중심이 되어 써 오던 한자는 갑오개혁 때 한글에 '국어'의 자리를 내주게 됐어요. 고종은 한글이 대한 제국의 문자이며 기본이라고 밝혔지요. 이후 모든 공식 문서에서 한글만 사용하도록 했어요.

당시에 학식 있는 사람들은 여전히 한자를 쓰며 자신의 유식함을 뽐냈어요. 일본과 미국을 여행한 경험을 《서유견문》이라는 책으로 남긴 유길준은 한글과 한자를 섞어서 썼음에도 지식인들에게 한글을 썼다는 이유로 비난을 받았어요.

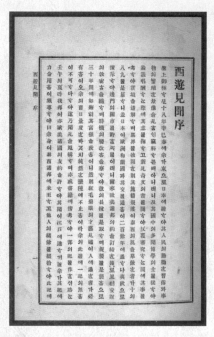

서유견문, 1895년.
국한문체로 된 우리나라 최초의 기행문.
국립 중앙 도서관 소장.

지식인들의 한자 사랑

일본에서는 중국에서 받아들인 한자를 일부 떼어내 '가나 문자'로 사용했어요. 이를 한자로 '假名(가명)'이라고 하는데 '가짜 글자'라는 뜻이지요. 오늘날에도 일본 사람들은 가나 문자를 여전히 '가짜'로 여기고 있어요. 다시 말해 일본에서도 진정한 글자는 한자이고, 자신들의 말을 기록하기 위한 가나 문자는 가짜로 여긴 것이지요.

일본의 영향을 받은 근대에 우리나라에도 일본과 마찬가지로 한글보다는 한자를 써야 진정한 지식인이라는 생각이 생겨났답니다.

국한문 혼용

한글은 공식 문자가 되었지만, 100년 가까이 한자와 함께 쓰였어요. 이를 '국한문 혼용'이라고 해요. 당시에는 한글을 쓴 지 얼마 되지 않아서 모든 국민이 잘 통하지 않았기 때문이지요.

예를 들어 '독립'이란 단어를 '동닙', '독닙' 등으로 소리 나는 대로 쓰는 데다, 서울말과 지방에서 쓰는 말 가운데 의미는 같지만 표현이 다른 경우도 있었어요.

봄에 입맛을 돋우는 채소인 부추는 '졸', '정구지', '세우리', '쇠우리', '구채', '난총' 등으로 불렸어요. 따라서 명확한 뜻을 전달하려면 한자로 써야 했답니다.

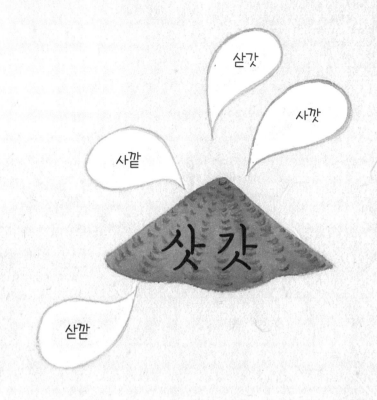

소리는 달라도 생김새는 똑같은 글자

주시경은 순 한글 신문인 〈독립신문〉을 편집하면서 한글 표기법을 정리했어요. 대부분 소리 나는 대로 적다 보니 '삿갓'이라는 한 단어도 '삳갓', '사깟', '사깥', '삳깐' 등으로 쓰였기 때문이에요.

한편 일본에서 천연두 예방법인 종두법을 배워와 널리 알린 지석영 선생은 철자법 통일안을 만들어 1905년에 고종에게 상소를 올렸어요. 한글 맞춤법이 완성된 것은 아니지만, 이때의 노력이 오늘날 이어져 현재 쓰고 있는 맞춤법의 기초가 되었답니다.

방에 들어갈래? 가방에 들어갈래?

띄어쓰기는 한 문장이 여러 뜻으로 해석되는 것을 막아 주고 글을 이해하는 데 도움을 주지요. 한글과 한자를 섞어서 쓸 때는 굳이 띄어쓰기하지 않아도 됐어요.

'아버지가房에들어가신다'라는 글에서 '房(방 방)' 자의 뜻만 알면 무슨 뜻인지 명확히 알 수 있기 때문이지요. 하지만 한글로 '아버지가방에들어가신다'라고 쓰면 '아버지가 방에 들어가신다'가 아니라 '아버지 가방에 들어가신다'라고도 읽을 수 있지요. 정말이지 뜻이 확연하게 다르지요?

중국은 한자를 쓰고, 일본은 한자와 일본어를 혼용하므로 띄어쓰기를 하지 않아요.

내가 처음 띄어쓰기를 했어요!

놀랍게도 처음으로 우리말 띄어쓰기와 가로쓰기를 시작한 사람은 외국인이에요. 중국에서 선교사로 활동하다가 한국에 와서 1877년에《조선어 첫걸음》을 쓴 존 로스라는 영국인이지요.

로마자 알파벳을 단어별로 띄어 쓴 것처럼 한글을 띄어 쓰고 그동안 세로로 써 오던 것을 가로로 썼답니다.

띄어쓰기가 본격적으로 이루어진 것은 우리나라 최초의 민간 신문이자 순 한글 신문인 〈독립신문〉이에요. 1896년에 서재필, 주시경 등이 만든 〈독립신문〉은 띄어쓰기를 하고 마침표를 사용해 문장이 훨씬 수월하게 읽혔어요. 공식적으로는 1933년 조선어학회가 만든 '한글 맞춤법 통일안' 제1장 2항에 '문장의 각 단어는 띄어 씀을 원칙으로 한다.'고 정해졌어요.

내가 처음!

가로쓰기 띄어쓰기

맞춤법 통일안

세로로 글을 써 온 이유는 무엇일까?

한글은 대체로 가로로 쓰고, 가로로 쓸 때는 왼쪽에서 오른쪽으로 씁니다. 하지만 1980년대까지 신문은 세로쓰기했어요. 왜 세로쓰기를 했을까요?

세로쓰기는 종이와 관련이 있습니다. 처음으로 종이를 발명한 사람은 중국 한나라의 채륜이라는 사람이에요. 그전에는 얇고 길게 쪼개 놓은 나무판이나 대나무 판에 글씨를 써야 했지요. 이런 나무판을 목간 또는 죽간이라고 해요. 목간이나 죽간을 여러 개 모아 가죽끈으로 엮으면 책이 만들어졌지요.

목간이나 죽간에는 가로로 쓰는 것보다 세로로 쓰는 게 훨씬 편했어요. 그렇게 쓰던 것이 이어져 꽤 오랫동안 세로쓰기를 해 왔답니다.

그러다가 1945년 해방 이후, 조선교육심의회가 가로쓰기를 제안한 것이 채택되었어요. 1988년 창간한 〈한겨레〉가 최초로 가로쓰기했으며, 다른 신문들은 1990년대 들어 가로쓰기했어요.

죽간

구두점과 대두법

띄어쓰기하지 않았을 때는 한 문장이 끝났음을 어떻게 알 수 있을까요? 그것은 '구두점'으로 확인할 수 있어요. 구두점은 글을 마치거나 쉴 때 찍는 마침표와 쉼표를 말해요.

구두점은 원래 한문을 읽기 위해 쓰였던 것으로, 가운데 작은 권점을 찍은 '구'로 문장 중간에 한 번 쉬어가고, 오른쪽에 찍은 권점인 '두'로 문장이 끝났음을 표시했어요.

중간에 한 번 쉬어갈 때는 , 문장이 끝나면 . 로 표시했어요.

또 '대두법'이라 하여 문장이 이어지더라도 다음 줄 위에 올려 쓰거나 한 칸 띄어서 쓰기도 했어요. 문장 속에 개군쥬, 님군, 성군, 하ᄂ님, 왕후, 션왕 등 임금이나 귀한 사람을 뜻하는 단어가 있을 때는 대두법을 사용했답니다.

올려 쓰기,
줄 바꾸어 쓰기가 대두법이지요.

구두점은 빼고, 글씨는 작게

옛날에는 책을 만들려면 나무에 글자를 새겨서 찍거나 금속 활자를 사용해야 했어요. 또 종이가 무척 귀해서 책 한 페이지에 최대한 많은 글자를 넣어야 했지요. 당연히 띄어쓰기는 생각도 할 수 없었어요. 구두점으로 문장의 의미가 달라지지 않도록 하는 게 최선이었죠.

종이 한 장에 100냥?!!
띄어쓰기를 하면 종이를
더 써야겠지?

100냥

인쇄에 필요한 기계와 납으로 만든 연활자를 수입하면서부터 글씨가 작아져서 종이를 아낄 수 있었어요. 낮은 온도에서 빨리 굳는 납은 활자를 만들기도 쉽고, 완성된 활자는 변형이 적어 오래 사용할 수 있답니다.

반면 나무는 습기가 많으면 뒤틀리거나 쪼개져요. 벌레를 먹을 수도 있고 불에 탈 수도 있지요.

더욱이 재료와 만드는 비용이 저렴한 서양식 종이를 사용하게 되면서 편지를 쓸 때조차 공간이 남지 않도록 빼곡하게 글씨를 쓸 필요가 없어졌답니다.

왜 알파벳을 따라 해?

우리나라에 서양 사람들이 드나들면서 자연히 서양의 문화도 흘러들어왔어요. 이때부터 영어가 한글에도 영향을 끼치기 시작했어요. 한글을 영어처럼 풀어쓰자는 의견들이 생겨났어요.

사과는 영어로 'apple'이라고 쓰는데 p, p, l은 자음이고 a와 e는 모음이에요. 한글에서는 ㅅ과 ㄱ은 자음이고 ㅏ와 ㅘ는 모음입니다. 영어처럼 풀어쓰기를 하자는 사람들은 알파벳처럼 필기체로 쓸 수 있어서 빠르게 글씨를 쓸 수 있다고 했어요. 읽는 것이 수월해지고, 맞춤법이 간편해진다고도 했지요.

여러분 생각은 어떤가요? 과연 이들의 말이 맞을까요? 직접 한글을 풀어써서 확인해 보세요.

84

한글 신문을 없앴더니 한글 사전을 만들어?!

우리말 사전

표현의 자유를 막아도

일본은 1910년에 강제로 우리나라의 국권을 빼앗은 뒤, 조선 총독부가 전하는 소식만을 다루는 〈경성일보〉와 〈매일신보〉만 남기고 한국인이 만든 신문은 모조리 없앴어요. 일본식으로 이름을 고치게 하고, 학교에서는 우리말을 쓰지도 가르치지도 못하게 했지요.

이에 우리나라의 많은 학자는 우리의 문화와 우리글을 지키기 위해 우리말 사전을 만들었어요. 그리고 글을 읽지 못하는 사람들을 위해 한글을 가르쳤지요.

한글아 널리널리 퍼져라

주시경과 그의 제자들, 국어학자나 지식인들은 각기 국어연구학회와 조선어연구회, 조선어학연구회 같은 단체를 만들었어요. 우리말과 우리글을 연구하고 모든 조선 사람이 한글을 잘 알고 쓰도록 하기 위해서였지요.

3·1 운동을 시작으로 우리 민족이 독립 의지를 강하게 내보이자, 일본은 슬그머니 한국인이 신문을 발행하도록 해 주었어요. 1920년 〈조선일보〉를 시작으로 〈동아일보〉, 〈시대일보〉, 〈중외일보〉, 〈중앙일보〉가 발행됐어요.

글장님 없애기 운동

1910년대에 우리나라 사람들은 10명 가운데 7~8명이, 농촌은 9명 정도가 까막눈이라 할 정도로 한글을 읽지 못했어요. 이에 각 신문사에서는 문자 보급 운동과 농촌 계몽 운동을 펼쳐나갔어요. 독립을 이루려면 온 국민이 우리글을 알아야 한다고 확신했기 때문이에요.

제가 한글을 가르쳐 드릴게요.

〈조선일보〉는 '아는 것이 힘이다. 배워야 산다.'라는 구호를 내세워 방학을 맞아 고향을 찾는 학생들에게 한글을 가르치도록 했어요.

〈동아일보〉는 '브나로드'라고 하여 매년 여름 방학이 되면 중학교 이상의 학생들이 농촌을 찾아가 한글과 간단한 독서와 산수를 가르치게 했어요. 브나로드는 '민중 속으로'라는 뜻의 러시아 말로 계몽 운동의 별칭으로 사용됐지요.

신문사들이 펼친 문맹 퇴치 운동으로 10만여 명에 이르는 사람들이 한글을 깨우쳤어요. 하지만 1935년에 조선 총독부가 금지하여 더는 지속할 수 없었어요.

우리말 사전 하나 갖기가 왜 이리 힘들어

조선어학회는 1929년에 제대로 된 우리말 사전을 펴내기 위해 조선 어사전편찬회라는 단체를 조직했어요. 지식인 108명이 모여 한글 맞춤 법을 통일하고 표준말을 모았으며, 외래어 표기법도 정리했지요.

우리말을 쓰지 못하고 이름을 일본식으로 바꿔야 하는 어려운 상황에 서도 조선어학회는 사전을 발간하기 위한 준비를 착실하게 해 나갔어요.

그러던 중 1942년에 일본은 한국말로 대화하던 한 여학생을 조사하 게 됐어요. 이 사건을 빌미로 조선어 사전이 곧 발간될 예정이라는 사실 이 알려지고 말았어요. 이에 30여 명이 붙잡혀 고문을 당하고, 우리말 사전은 인쇄되지 못한 채 경성역 창고에 처박히고 말았지요.

1945년 경성역 창고에 있던 사전 원고는 1947년 10월 9일 한글날 에 《큰사전》이라는 이름으로 첫 권이 출간됐어요. 1950년 6·25 전쟁, 1953년 한글 간소화 파동으로 잠시 중단되다가 1957년에 6권 모두 출간됐어요.

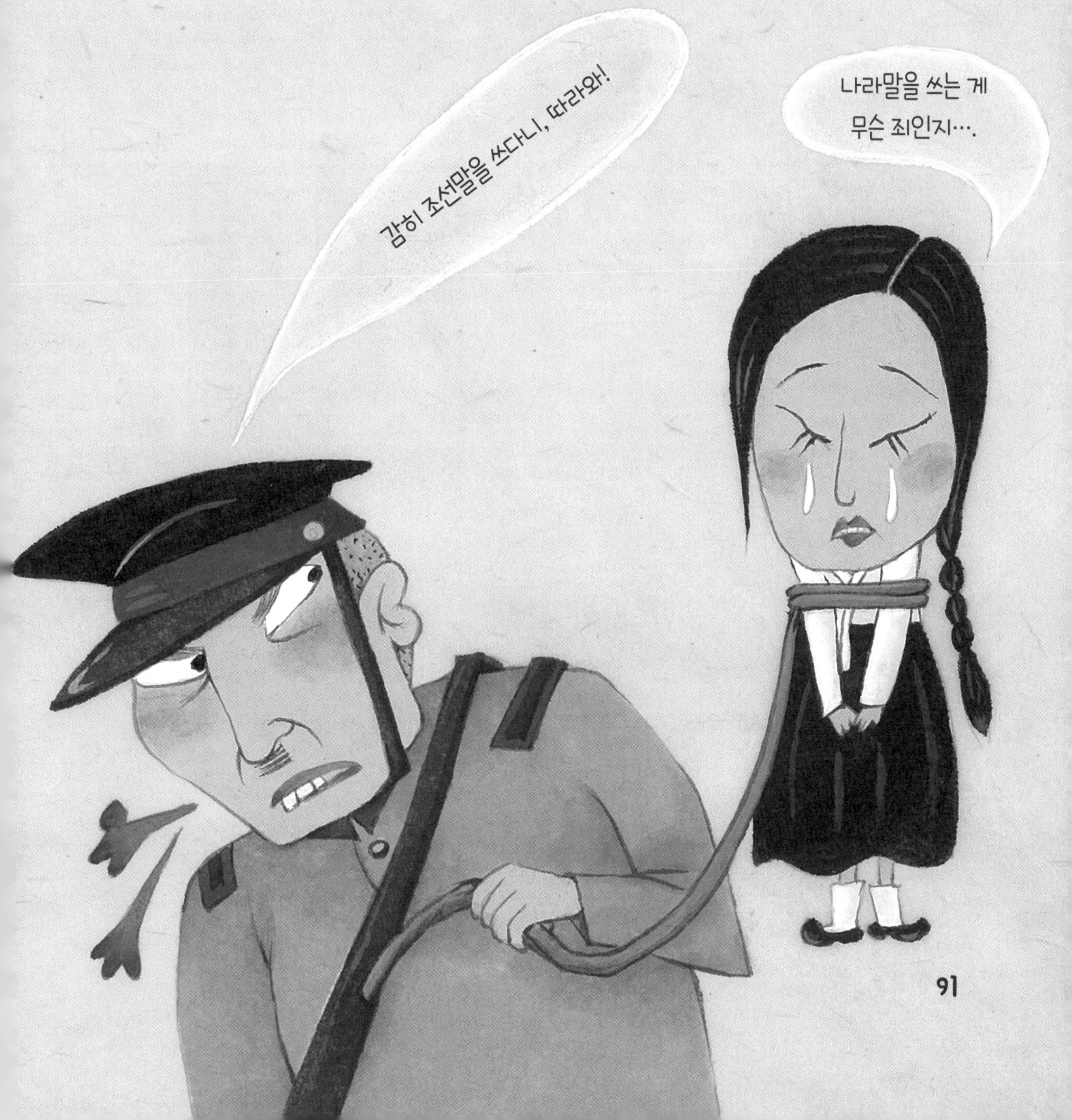
감히 조선말을 쓰다니, 따라와!
나라말을 쓰는 게 무슨 죄인지….

7. 훈민정음 해례본

훈민정음 해례본, 세종 28년
(1446년). 16.6 × 23.3cm.
간송 미술관 소장.

　　1940년 경상북도 안동의 한 집에서 표지도 없고 첫 두 장이
떨어져 나간 책이 하나 발견됐어요. 각 장의 뒷면에는 붓글씨로
쓴 한글이 가득했지요. 이 책은 현재 국보 제70호이며, 간송 미술
관에서 보관하고 있답니다. 그리고 1997년 10월 유네스코 세계
기록 유산으로 지정되었어요. 우리나라뿐만 아니라 세계적으로
도 소중하게 여기는 이 책에는 어떤 비밀이 숨어 있을까요?

문창살을 보고 글자를 만들어?

한동안 훈민정음은 세종 대왕이 전통 가옥의 문창살을 보고 만들었다는 허무맹랑한 이야기가 떠돌았어요. 한글과 관련한 자료가 부족했을 뿐만 아니라 많은 학자가 한글에 대해 밤낮을 잊고 연구해 봐도 한글을 어떻게 만들었는지 알아낼 수 없었기 때문이에요.

그런데 《훈민정음 해례본》이 발견됨으로써 한글은 누가 언제 창제했는지, 문자를 어떻게 만들었는지, 문자를 어떻게 사용하면 되는지 밝혀진 유일한 문자가 됐어요.

문자 해설서 '해례본'을 만든 것도
세계 최초의 일이지!

흠흠!

세계 어디에서도 찾아볼 수 없는 문자 사용 설명서

전 세계에는 6000~7000개의 언어가 있지만, 문자는 고작 300여 개 뿐이에요. 이들 가운데 문자를 만든 사람은 누구이고, 문자를 만든 원리와 쓰임 등을 밝히고 해설한 책을 펴낸 나라는 우리나라가 유일해요.

13억이 넘는 사람들이 쓰는 중국어를 비롯한 영어, 힌디 어, 러시아어, 에스파냐 어 등 그 어떤 언어도《훈민정음 해례본》같은 '문자 사용 설명서'를 가지고 있지 않아요.

세계의 언어학자들은 이 책을 통해 한글이 얼마나 독창적이고 과학적인 문자인지 깨닫게 됐어요. 그래서 유네스코는《훈민정음 해례본》을 세계 기록 유산으로 지정했답니다.

'훈민정음'은 한글을 뜻하기도 하고, 훈민정음 해설서《훈민정음 해례본》의 이름이기도 해요. 유네스코가 인정한 세계 기록 유산은 대한민국의 공식 문자인 한글이 아니라《훈민정음 해례본》이라는 책이랍니다.

《훈민정음 해례본》의 구성

《훈민정음 해례본》은 크게 세종 대왕이 한글을 창제한 목적을 밝힌 〈서문〉, 본문에 해당하는 〈예의〉 편과 〈해례〉 편, 뒤쪽에 예조 판서이자 집현전 학자였던 정인지가 쓴 〈서문〉으로 구성되어 있어요.

〈예의〉에는 새로 만든 28자와 그 글자가 든 한자를 예로 든 한글 사용법이 쓰여 있어요. 〈해례〉에는 글자를 만든 원리와 용법이 상세하게 적혀 있지요.

〈해례〉는 글자를 만든 원리를 설명한 〈제자해〉, 글자의 첫소리를 풀이한 〈초성해〉, 가운뎃소리를 풀이한 〈중성해〉, 끝소리를 풀이한 〈종성해〉, 글자의 낱자 맞춤을 풀이한 〈합자해〉, 글자들이 쓰이는 예를 든 〈용자례〉로 나뉘어 자세하게 설명되어 있답니다.

유네스코 세계 기록 유산은 책 《훈민정음 해례본》

첫소리 만들기 참 쉽죠?

세종 대왕은 글자에 자연과 우주 만물의 법칙을 담고 싶었어요. 사람의 몸도 자연의 일부이기에 사람이 쓰는 글자에도 자연의 변화를 담아야 한다고 생각했지요. 자연은 쇠, 물, 나무, 불, 흙의 다섯 가지 요소로 이루어져 있으니, 글자도 다섯 가지 소리로 만들고자 했지요.

우리가 소리 낼 때마다 변하는 입 안의 모양을 본떴어요. 크게 어금닛소리, 혓소리, 입술소리, 잇소리, 목구멍소리로 나뉘어요.

어금닛소리 ㄱ은 혀뿌리가 목구멍을 막는 모양을 본떴어요. 혓소리 ㄴ은 혀가 윗잇몸에 닿는 모양을 본떴고요, 입술소리 ㅁ은 입을 다문 입 모양을 본떴답니다. 잇소리 ㅅ은 이의 모양을 본떴고, 목구멍소리 ㅇ은 목구멍의 모양을 본떴어요.

이렇게 기본자(ㄱ, ㄴ, ㅁ, ㅅ, ㅇ)에 획을 더해 가획자 ㅋ, ㄷ, ㅌ, ㅂ, ㅍ, ㅈ, ㅊ, ㆆ, ㅎ을 만들고 이체자 ㆁ, ㄹ, ㅿ을 더해 닿소리(자음) 17자를 만들었어요.

그중 ㅇ, ㅎ과 비슷한 발음 여린히읗(ㆆ), 옛이응(ㆁ), 반시옷(ㅿ)은 현재는 사라졌답니다. 소리가 나는 부위를 한껏 긴장시켜서 내는 된소리는 똑같은 자음을 나란히 붙여 ㄲ, ㄸ, ㅆ, ㅉ, ㅃ을 만들었어요.

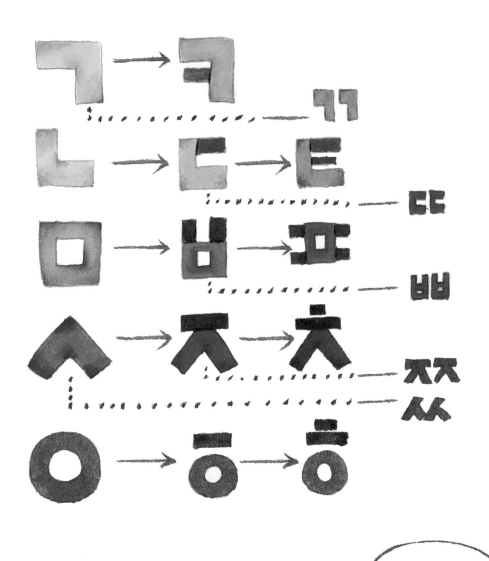

총 17자의 초성이 되지요.

여기에 세 글자를 더하면?

가운뎃소리는 하늘 땅 사람

그림 문자에서 시작된 문자의 대부분은 아랍 문자와 히브리 문자처럼 거의 자음만 있었어요. '한글'을 'ㅎㄴㄱㄹ'로 적는 것과 비슷해요. 무슨 뜻인지 알기 어려웠겠죠? 역사적으로 아랍 문자나 히브리 문자를 빌려 쓴 나라들은 뒤에 새로운 자음을 만들거나 모음을 추가해서 썼어요.

세종 대왕은 글자의 첫소리와 끝소리를 연결하기 위해 하늘·땅·사람을 본떠 홀로 소리를 내는 홀소리(모음)를 만들었어요. 하늘을 본뜬 'ㆍ(아래아)'와 땅을 본뜬 'ㅡ(으)', 사람을 본뜬 'ㅣ(이)'를 기본으로, 이 세 글자를 합치고 섞어 모두 11자를 만들었어요.

사람이 하늘과 땅 사이에서 살아가는 모습을 본떴으니까요.

홀소리에 자연을 담았다고요?

대단해. 모음을 다 만들고!

모음 조화가 뭐예요?

말랑 말랑

세종 대왕은 모음에 음양(달과 해, 남녀, 남북처럼 우주 만물의 서로 반대되는 두 기운)의 원리를 담았어요. 점이 선 오른쪽과 위쪽에 있는 것을 양모음, 점이 선 왼쪽과 아래쪽에 있는 것을 음모음이라 해요. 양모음은 말맛이 밝고 산뜻하고, 음모음은 말맛이 어둡고 커요.

우리말에서는 느낌이 비슷한 모음들끼리 어울리는 현상이 있어요. 이를 '모음 조화'라고 해요. '말랑말랑'처럼 양성 모음은 양성 모음끼리 '무럭무럭'같이 음성 모음은 음성 모음끼리 어울리지요. 말렁말렁, 무락무락 같은 말은 없어요.

그런데 '뱉어라', '깡충깡충'처럼 사람들이 많이 써서 모음 조화가 깨진 채로 굳어진 예도 있답니다.

무럭 무럭

끝소리는 다시 첫소리를 쓴다

첫소리와 가운뎃소리에 이어 글자를 이루는 마지막 소리, 끝소리는 다시 첫소리로 정해졌어요. 첫소리 글자들을 끝소리에 다시 사용한다는 뜻이지요.

세종 대왕은 겨울이 가면 다시 봄이 오듯이 돌고 도는 계절처럼 글자도 순환해야 한다고 생각했답니다. 천지 만물을 표현할 글자이므로 그 이치까지 함께 담은 것이지요. 그래서 끝소리에 첫소리 글자를 다시 쓰기로 한 거예요.

단, 끝소리(ㄱ, ㆁ, ㄷ, ㄴ, ㅂ, ㅁ, ㅅ, ㄹ)는 8자만으로도 충분하다고 했어요. 훈민정음이 처음 만들어졌을 때는 지금과 달리 맞춤법 없이 소리 나는 대로 썼기에 ㄱ과 ㅋ, ㄷ과 ㅌ, ㅂ과 ㅍ, ㅅ과 ㅈ과 ㅊ은 소리로는 잘 구분되지 않았어요. 따라서 8자만으로도 표현할 수 있다고 여겼어요.

첫소리

ㄱㅋㄷㅌㅁㅂㅍㅈㅅㅊㅇㅎㅇㄹㄹㅿ

끝소리

ㄱㆁㄷㄹㅂㅁㅅㄹ

무엇을 어떻게 합해야 하나

〈합자해〉에서는 글자를 합하는 방법을 설명하는데, 글자를 합할 때도 지켜야 하는 규칙이 있어요. 알파벳처럼 글자를 나란히 늘어놓지 않고 첫소리와 가운뎃소리, 끝소리를 모아쓰지요. 자음을 먼저 쓰고 이어 모음을 쓰는데, 모음은 반드시 자음의 오른쪽이나 아래쪽에 써야 해요. 끝소리는 있을 수도 있고 '오이'나 '가지'처럼 없을 수도 있는데, 끝소리가 있다면 반드시 가장 아래에 있어야 하지요.

재미있는 것은 오늘날과 다르게 ㅆ(땅), ㅺ(쌍), ㅳ(틈), ㅄ처럼 첫소리와 끝소리에 자음을 3개까지 쓸 수 있었답니다.

자, 이 표를 가지고 글자를 만들어 볼까요?

첫소리 ←

가운뎃소리 ←

끝소리 ←

'손'이 가늘고 곱다.

　　　　조선 초에는 우리말
에도 성조(소리의 높낮이)가 있었어요. 예를 들면 '손'을 높게 발음하면
신체의 '손'을 뜻하고, 낮게 발음하면 '손님'이라는 뜻이었지요. 이렇게
높낮이가 다른 말들은 글자 왼편에 점을 찍어 구분했어요. 높은 소리 거
성은 점 1개, 처음이 낮고 나중이 높은 소리인 상성은 점 2개를 찍고, 낮
은 소리인 평성은 점을 찍지 않았어요. 지금은 길고 짧은 소리로 뜻을 구
분하기도 하지만, 성조로는 뜻을 구분하지 않아요.

얘야, '손'이 오셨다.
인사드려라.

쓸 용, 글자 자, 법식 례

〈용자례〉는 한자의 뜻 그대로 글자의 쓰임을 보여 주는 부분이에요. 첫소리, 가운 뎃소리, 끝소리의 순서를 밝히고 실제로 어떻게 쓰이는지 예를 들었어요. 이를테면 첫소리 ㄱ은 감, ㅋ은 콩, ㄴ은 노로(노루), ㄷ은 담 등으로 우리말 예를 들었어요. 또 각 글자의 쓰임도 알려 주고 있답니다.

'콩은 大豆(대두)이다'라고 적고 있는데, 밥에 넣어 먹거나 두부를 만드는 곡물 대두를 '콩'으로 쓰면 된다는 걸 알 수 있지요. 이전에 한자로 표현했던 것을 순우리말로 어떻게 표현해야 하는지 예로 든 거예요.

서문도 임금님이
먼저지요.

정인지의 서문

《훈민정음 해례본》에는 〈서문〉이 두 개 있어요. 하나는 세종 대왕이 쓴 것이고, 다른 하나는 신하 정인지가 쓴 것이지요. 서문이란 책의 맨 앞에 있는 짧은 글로, 그 책을 쓴 이유나 목적을 간단하게 밝히지요.

정인지의 서문은 책의 맨 뒤에 있어요. 왜 그의 글을 서문이라고 할까요? 그 이유는 훈민정음이 만들어진 까닭과 그 쓰임새와 가치 등을 간략하게 잘 설명하고 있기 때문이에요. 다만 임금의 글과 함께 실리기 때문에 신하로서 뒤로 밀리게 되었지요.

이런 이유로 두 〈서문〉은 글자의 크기도 글씨체도 서로 다릅니다. 세종 대왕이 쓴 것이 글자 크기가 더 크고 글씨체도 더 반듯해요. 세종 대왕은 한 줄에 13자를 썼는데, 정인지는 신하로서 도리를 지키려고 그보다 적은 12자를 썼답니다.

'멍멍', '쏴쏴'는 한자로는 못 적어

정인지는 〈서문〉에서 당시 1000년 가까이 한자로 우리말을 써 왔지만, 동물이나 자연의 소리에는 뜻이 없으므로 한자로는 생생하게 표현할 수 없다고 했어요.

이를테면 개가 짖는 소리를 중국 사람들은 '왕왕'이라 하고, 우리나라 사람들은 '멍멍'이라 하는데, 한자에는 '멍'이라는 글자가 없어서 '개가 짖는다.'라고 할 수밖에 없었어요.

한글로 나뭇가지나 물건의 틈 사이로 바람이 불 때는 '쏴쏴', 바람이 잇달아 거세게 불 때는 '씽씽' 분다고 쓸 수 있지만, 한자에는 '쏴', '씽'이라는 글자가 없어서 '바람 소리가 난다.' 또는 '바람이 분다.'라고 쓸 수밖에 없었답니다.

실제로 정조는 신하에게 한자로 편지를 썼는데, 오로지 '뒤죽박죽'이라는 글자만 한글로 썼어요. 여럿이 마구 뒤섞여 엉망이 된 모양을 한자로 표현할 수 없었기 때문이지요.

이렇듯 한글은 우리나라 사람이 듣고 느끼는 온갖 살아 있는 자연의 소리를 거의 모두 적을 수 있어요.

107

닮긴 뭘 닮아!

정인지는 한글이 발음 기관의 모습을 본떠 만들었지만, 오랫동안 써 온 한자의 서체 가운데 하나인 '전서'도 본떴다고 했어요.

사실 한글은 붓글씨로 쓰거나 꾸준히 연습해야 잘 쓸 수 있는 한자와 달리 땅에 떨어진 나뭇가지로도 충분히 잘 쓸 수 있는 글자예요. 당시에는 비교할 문자라고는 한자뿐이었기 때문에 여러 한자 서체 가운데 닮은 것을 예로 든 것이지요.

한글에 음양과 오행이
녹아 있다고?

그렇다면
대접할 만하지.

양반들아, 무시하지 마

정인지의 〈서문〉을 통해 훈민정음을
만드는 데에 함께한 8명의 집현전 학사
가 누구인지 알게 되었어요. 정인지,
최항, 박팽년, 신숙주, 성삼문, 강희안,
이개, 이선로가 그들이지요.

마지막 문장에서는 다시 한번 세종
대왕이 글자에 담으려 했던 천지 만물
의 이치를 밝히고 있어요. 조선의 모든
것에 깃들어 있던 천지인, 음양, 오행
(쇠, 물, 나무, 불, 흙) 같은 사상이 훈
민정음에 녹아 있다고 했지요. 한자
와 유교 문화의 중심에 있던 양반
들에게도 한글이 충분히 대접받을
만한 가치가 있음을 설명한 거예요.

혼자서도 잘해요

우리나라가 처음 한자를 받아들일 무렵, 한자의 수는 이미 2만 자를 넘었어요. 반면 훈민정음은 자음과 모음 28자만 익히면 거의 모든 글자를 적을 수 있었어요. 그것도 스승 없이 스스로 깨칠 수 있다는 큰 장점도 있지요. 지혜로운 사람은 아침나절이면 깨우칠 정도라고 했으니, 당시에 백성들이 한글을 배우기에 얼마나 쉬웠을지 짐작할 수 있지요?

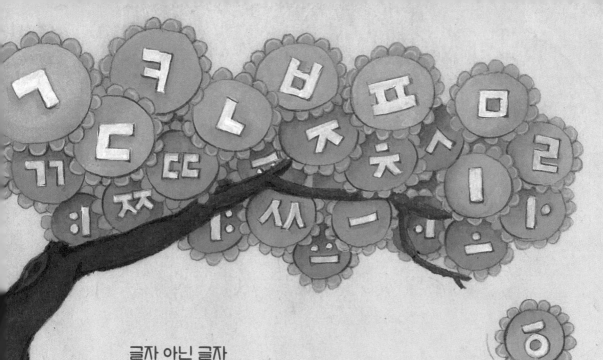

글자 아닌 글자

세종 대왕이 만든 문자 가운에 독특한 생김새로 눈길을 끄는 글자들이 있지요? 지금은 쓰이지 않는 닿소리 옛이응(ㆁ), 여린히읗(ㆆ), 반시옷(ㅿ)과 홀소리 아래아(ㆍ)가 그것이에요.

가장 먼저 'ㆆ'이 1527년에 쓰인 《훈몽자회》에서 사라졌고, 1933년 '한글 맞춤법 통일안'에서 나머지 글자가 빠져서 지금은 24자만 쓰여요.

'·'는 'ㅗ'와 'ㅏ'의 중간쯤?

아래아는 단순히 자음 아래에 쓴다고 해서 붙은 이름이 아니에요. 당시 11개의 모음의 순서상 ㅏ는 맨 위에, ·는 맨 마지막에 있다고 하여 '아래야'라고 했어요.

지금은 ㅏ와 같은 소리로 발음하지만, 원래는 혀의 모양을 'ㅗ'나 'ㅏ' 가깝게 하면서 입술은 'ㅗ'와 'ㅏ'의 중간쯤 벌려서 내는 소리예요. 제주도 방언에서는 들을 수 있지만, 보통 사람들은 그 차이를 알아차릴 수 없다고 해요.

반시옷은 ᅀ과 ㅇ의 중간 음

가벼운시옷, 여린시옷이라고도 불린 반시옷(ᅀ)은 '시옷(ᄉ)'과 '이응(ㅇ)'의 중간 소리였어요. 어느 단어에서는 ㅇ으로, 어느 단어에서는 ᄉ으로 바뀌었지요.

족제빗과의 동물인 오소리는 원래 오ᅀ리로 쓰였고, 동화에 자주 등장하는 여우는 여ᅀ로 쓰였어요. 여우는 충청도와 전라도 지역에서는 여수, 여시라고 불리는 것으로 보아 ᅀ이 ㅇ과 ᄉ의 중간 음임을 알 수 있어요.

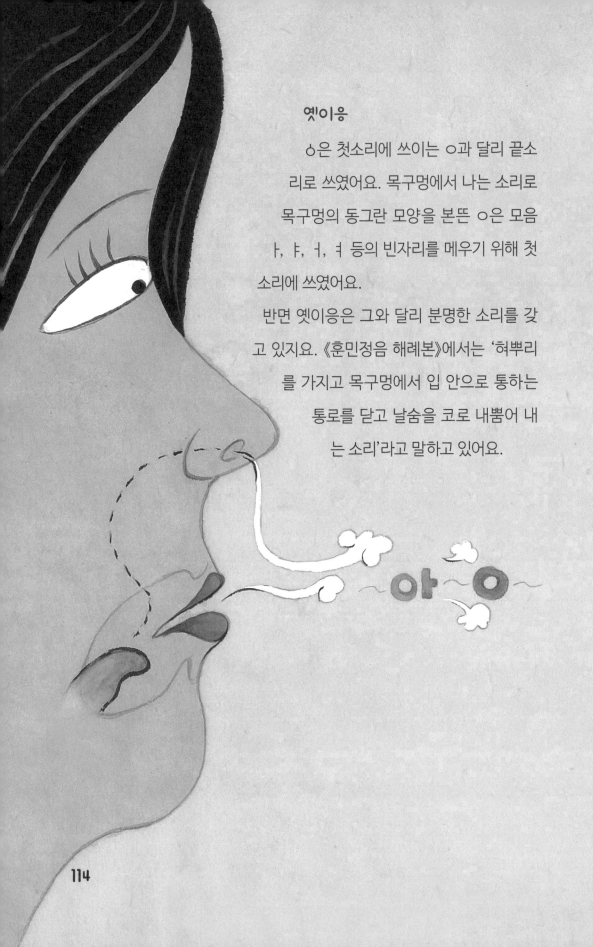

옛이응

ㆁ은 첫소리에 쓰이는 ㅇ과 달리 끝소리로 쓰였어요. 목구멍에서 나는 소리로 목구멍의 동그란 모양을 본뜬 ㅇ은 모음 ㅏ, ㅑ, ㅓ, ㅕ 등의 빈자리를 메우기 위해 첫소리에 쓰였어요.

반면 옛이응은 그와 달리 분명한 소리를 갖고 있지요. 《훈민정음 해례본》에서는 '혀뿌리를 가지고 목구멍에서 입 안으로 통하는 통로를 닫고 날숨을 코로 내뿜어 내는 소리'라고 말하고 있어요.

여린히읗

중국 음을 나타내던 ㆆ은 가장 먼저 사라진 글자로, 세조 때까지만 쓰였어요. ㅇ(이응)과 마찬가지로 목청을 울리지만, 그보다 더 굳은 소리를 나타내기 위해 ㅇ에 선을 하나 얹어 ㆆ을 만들었어요.

이보다 더 거센소리는 선을 두 개 얹어 'ㅎ(히읗)'으로, ㅎ보다 더 된소리는 'ㆅ(쌍히읗)'으로 만들었다고 해요.

여린히읗이 어떤 소리를 내는지는 아직 정확하게 밝혀지지 않았어요. 다만 공기가 목청 사이에 있는 좁은 틈을 막았다가 어느 순간 내뱉는 소리라고 짐작할 뿐이에요. 한 드라마에서는 "찬물을 한 바가지 먹고 내는 소리."라고 했는데, 참으로 아리송해요.

더 거센소리를 표현하기 위해 하나 더!

ㅇ보다 더 굳은 소리!

28자는 아니지만 나도 글자

일찌감치 그 모습이 사라지기는 했지만, 우리 고유의 음이나 중국 한자음을 표기하기 위한 글자들이 있었어요. 입술소리인 ㅂ, ㅁ, ㅃ, ㅍ보다 더 가벼운 ㅸ, ㅱ, ㅹ, ㆄ이 있었죠.

그중 ㅸ(가벼운비읍)이 일상에서 쓰였어요. 고바 (→ 고와), 셔블(→ 서울), 어려븐(→ 어려운)처럼 우리 고유의 음을 나타냈거든요. ㅸ은 입술을 살짝 붙였다 떼면서 발음했어요. 경상도 사투리에서 "아이고 추워라."를 "아이고 추버라(추버라)."라고 하는 것처럼요. 이 밖에 우리 고유의 소리를 적기 위해 ㅥ, ㆀ, ㆅ 등도 쓰였어요.

중국 음을 제대로 나타내기 위해 ㅱ, ㅹ, ㆄ과 윗니나 윗잇몸에 혀끝을 대어 소리를 내던 치음을 쓰기도 했어요.

우리 고유의 음은 물론
중국 한자음까지 표기하려 하신 거야!

세종 대왕? 집현전 학자들?

《훈민정음 해례본》의 〈서문〉이나 한글에 관해 이야기한 옛 책에는 한글을 만든 사람이 세종 대왕이라고 밝히고 있어요.

반면 한글 같은 과학적인 문자를 혼자 힘으로 만드는 건 어렵다고 여기는 학자들이 많아요. 아무리 훌륭한 사람이라도 혼자 힘으로 위대한 일을 이루기는 어렵기 때문이지요.

그래서 한글을 '세종 대왕이 만들었다.', '세종 대왕과 그의 가족이 비밀리에 만들었다.', '세종 대왕이 자신과 뜻을 함께하는 젊은 집현전 학자들과 만들었다.' 등 의견이 분분해요.

최근에는 한글은 세종 대왕이 만들고, 《훈민정음 해례본》은 정인지 등 뜻을 같이한 집현전 학자 8명이 만들었다는 의견에 무게가 실리고 있어요.

이는 세종 대왕이 읽은 책들을 보면 혼자 한글을 만들 정도로 능력이 충분해 보이지만, 대부분 20~30대였던 집현전의 학자들은 한글을 만들 수 있을 정도로 많은 책을 접하고 연구하기에는 너무 젊다고 본 것이지요.

아직은 한글이 만들어지기까지 세세한 과정에 대해서는 알 수 없기에 어느 의견에 손을 들어 줘야 할지 모르겠지만, 뒷날 여러분 중 누군가가 반드시 밝혀내기를 바라요.

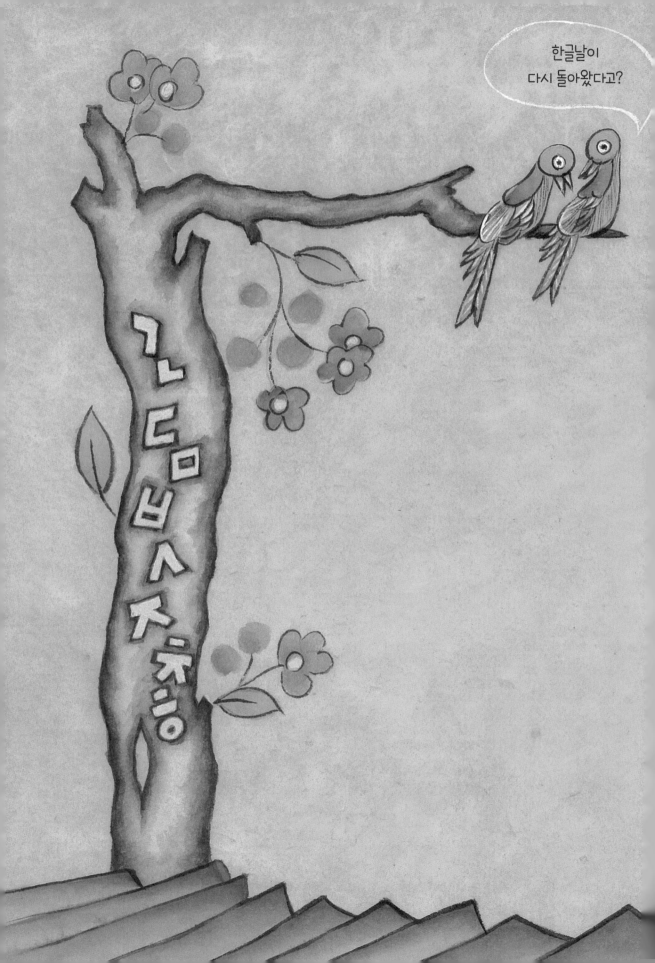

8. 다시 돌아온 한글날

1991년에는 휴일이 너무 많아 경제 발전에 방해가 된다는 이유로 한글날을 공휴일에서 제외했어요. 하지만 2013년부터 한글날은 다시 법정 공휴일이 됐어요. 한글의 국제적 위상을 높이고, 그 의미를 기억하자는 국민적 요구가 받아들여진 결과예요.

휴일이니 가족과 함께 나들이를 가도 좋겠지만, 우리 민족사에 가장 빛나는 문화유산인 한글을 자랑스럽게 여기고 아끼는 날이 됐으면 좋겠어요.

가갸날에서 한글날로

　매년 10월 9일은 한글날이에요. 처음으로 한글을 기념한 것은 조선어연구회가 훈민정음 반포 480주년을 기념하기 위해 1926년 음력 9월 29일(양력 11월 4일)로 정한 '가갸날'이에요. 한글을 처음 배울 때 '가갸거겨'로 시작한 데에서 생겨난 이름이지요.

　날짜를 음력 9월 마지막 날인 29일로 정한 것은 《세종실록》 28년(1446년) 9월조의 '이달에 훈민정음이 이루어지다.'라고 한 기록을 근거로 했기 때문이에요.

　1928년에는 '한글날'로 명칭을 바꾸었어요. 그런데 날짜를 음력에 맞추다 보니 매년 날짜가 달라지고 불편해 1934년에는 훈민정음 반포일을 양력으로 바꾼 10월 28일로 고정했어요.

　1940년에 《훈민정음 해례본》이 발견되어 훈민정음 반포일이 음력 9월 29일이 아니라 9월 10일로 밝혀졌어요. 1945년부터 음력 9월 10일을 양력으로 바꾼 10월 9일에 한글을 기념하게 됐고, 공휴일로 지정됐어요.

한글날이 다시 휴일이 된 이유

문자가 탄생한 날을 알고 기념할 수 있는 나라는 전 세계에 우리나라 밖에 없어요. 그만큼 한글날은 아주 특별한 날로 3·1절, 제헌절, 광복절, 개천절과 함께 우리나라 5대 국경일이랍니다.

2012년 4월 13일부터 4월 15일까지 문화체육관광부에서 남녀 1천 명에게 한글날을 공휴일로 다시 정하는 것에 관해 물어보았어요. 그 결과 836명이 찬성했지요.

그 이유로 세계적으로 한글이 인정받는 이때, 우리 국민도 한글의 가치와 중요성을 다시금 느껴야 하며, 청소년들에게 고운 말 바른말을 가르쳐야 하기 때문이라고 했지요. 또 바쁜 일상 속에서 하루쯤 여가를 즐기며 한글에 대한 소중함을 느끼기를 바랐어요. 그래서 2013년부터 한글날은 다시 법정 공휴일이 되었어요.

북한의 한글날

북한에서도 한글을 기념하는데, 우리와 달리 날짜는 1월 15일이에요. 훈민정음 반포일이 아니라 창제일을 기준으로 했기 때문이죠. 명칭도 한글날이 아니라 '조선글날'이에요. 북한에서는 '한국의 글자', '대한제국의 글자'로 느껴진다는 이유로 한글이라는 말을 쓰지 않아요. 대신 '조선 글자', '훈민정음' 등으로 부른답니다.

북한은 1월 15일을
조선글 기념일로 정했어요.

남북통일은 한글부터

한 뿌리였던 우리말과 우리글은 남과 북으로 갈려 1948년부터 서로 다른 언어생활을 해 왔어요. 우리는 한자어와 영어, 일본식 표현이 뒤섞였지만, 북한은 순수한 우리말을 쓰기 위해 애써왔지요.

남북으로 나뉜 지 70여 년이 지난 만큼 서로 통하지 않는 말이 생겼어요. 실제로 언어학자들은 같은 말과 글을 써 오던 사람들이 100년 정도 관계를 끊으면 서로 생각이나 말을 전달하기가 어려워진다고 해요.

이에 우리나라와 북한은 2005년에 《겨레말큰사전》을 함께 펴내기로 했어요. 아쉽게도 남북 관계가 좋아졌다 소원해지기를 반복하는 사이 아직 결실을 보지 못했지만, 출간 목표로 한 2019년 4월에는 꼭 볼 수 있기를 우리 모두 한마음으로 기대해 봐요.

9. 세계 일등 문자로 자리 매김한 한글

'세계 일등 문자'라는 평가는 우리 민족이 애국심으로 마구 지어낸 게 아니에요. 세계 언어학자들이 우리의 한글을 평가하여 내려 준 명예로운 이름이에요.

세계 문자 올림픽

2012년 가을, 타이(태국)의 방콕에서는 세계 문자 올림픽이 열렸어요. 문자의 우수성을 겨루고 우열을 가리는 대회이지요. 글자로도 올림픽을 열 수 있을까 하는 단순한 궁금증에서 시작된 이 행사에서 한글이 최고의 문자로 1위에 올랐어요.

세계 19개국 27개의 문자 '영어, 러시아, 독일, 우크라이나, 베트남, 폴란드, 터키, 셀비아, 불가리아, 아이슬란드, 에티오피아, 몰디브, 우간다, 포르투갈, 그리스, 에스파냐, 남아공, 한국, 인도(우르두, 말라얄람, 구자라트, 펀자브, 텔루구, 마라티, 오리야, 벵골, 칸나다)어'가 경합을 벌였어요. 각국 학자들이 30분씩 자기네 고유 문자의 우수한 점을 발표했어요.

미국, 인도, 수단, 스리랑카, 타이, 포르투갈 등 6개국의 심사위원이 이 중에서 가장 쓰기 쉽고 배우기 쉬우며, 가장 다양한 소리를 표현할 수 있는 문자로 '한글'을 뽑았답니다.

또 언어를 연구하는 학문 쪽에서 가장 으뜸인 영국의 옥스퍼드 대학교 언어 대학은 합리성, 과학성, 독창성 등으로 세계의 모든 문자에 순위를 매겼는데, 한글을 1위로 선정했어요.

지구촌 까막눈 퇴치에 앞장선 한글

2009년 인도네시아 소수 부족인 찌아찌아족이 한글을 부족의 문자로 채택했다는 소식이 들려왔어요. 이후 2011년에 볼리비아의 아이마라족이, 2012년에는 공용어인 영어를 사용하는 사람이 100명 가운데 1~2명에 불과할 정도로 많은 사람이 글을 읽고 쓸 줄 몰랐던 남태평양 솔로몬 군도 사람들도 한글을 사용하기 시작했어요. 아직 한글을 자국 문자로 쓰겠다고 확실히 정한 건 아니므로 앞으로 어떻게 될지는 지켜봐야 해요.

한편 찌아찌아족은 인도네시아 헌법에서 자국 부족의 모든 언어는 로마자 외에 다른 문자로 표기하지 못하게 해 지금은 외국어로서 한국어를 배우고 있어요.

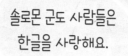
솔로몬 군도 사람들은
한글을 사랑해요.

저는 한글로 노래를 만들었어요.

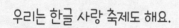
우리는 한글 사랑 축제도 해요.

131

한류와 한국어

한류 열풍으로 한국어를 배우려는 외국인들이 많이 늘었어요. 한류란 우리나라의 드라마, 영화, K-POP(케이팝, 한국의 대중음악) 같은 대중문화 요소가 외국에서 유행하는 현상을 말해요. 1990년대 후반에 중국, 일본, 동남아시아에서 비롯되었어요. 지금은 김치, 고추장, 라면 같은 음식, 전통문화, 출판 등 우리나라 문화를 통틀어 그 관심이 확대되었어요.

중국에서는 중국 사람들의 외국어 능력을 평가하는 시험에서 '한국어 능력 시험'에 가장 많은 이들이 지원했다고 해요. 청소년을 위한 한국어 교육 프로그램을 시행하고 있으며, 중·고등학교에서도 한국어 수업을 하고 있대요.

일본에서는 NHK 방송에서 한글 강좌 프로그램을 하고 있으며, 대학 입학시험에 한국어를 포함할 정도로 한국어를 배우는 사람들이 많아요.

한국어 능력 시험

NHK 한글 강좌

이 밖에 베트남, 미얀마, 타이, 스리랑카, 필리핀, 몽골, 이집트, 요르단, 알제리, 모로코 등에서 대학에 한국어 학과를 설치하고 한국어 교육 프로그램을 시행하는 등 전 세계적으로 우리말과 우리글을 배우려는 사람들이 날로 늘고 있답니다.

한국어 수업

한류가 대단해!

류

세계에서 가장 많은 발음을 적을 수 있는 문자

한글은 '아침 글자'라는 별명으로 불려요. 누구나 아침에 배우기 시작하면 해가 지기 전에 다 알게 되는 글자란 뜻이죠.

일본어로는 300여 개, 중국어로는 400여 개, 26개의 알파벳으로는 300여 개밖에 소리를 표현할 수 없지만, 24개의 한글로 최고 1만 1172개, 실제로는 8800개의 소리를 쓸 수 있대요. 다시 말해 한글은 세계에서 가장 많은 소리를 표기할 수 있는 문자예요.

가장 원어에 가까운 소리

많은 사람이 즐겨 먹는 이탈리아 음식인 pizza를 예로 들면, 우리나라는 소리 나는 대로 '피자'라고 씁니다. 하지만 중국 사람들은 한자를 활용해 자기네 식으로 바꿔서 '比萨饼'라고 쓰고, 'bisabing'이라고 읽지요.

마이당로우

마쿠도나르도

맥도널드

영어에서 머리를 뜻하는 'head'에서 'ea'를 '에'라고 발음하지만, '말하다'라는 뜻의 'speak'에서는 같은 'ea'라도 '이'로 발음돼요.

일본에는 영어처럼 자음이 2개 또는 3개씩 연달아 오는 법이 없어요. '스트라이크'로 읽는 'strike'에서 'str'가 자음이에요. 일본 사람들은 이를 읽지 못해서 자음 사이에 모음을 넣어서 '스토라이쿠'라고 읽는답니다.

미국의 유명한 패스트푸드 회사 McDonald's를 우리는 맥도널드, 중국에서는 마이당로우, 일본에서는 마쿠도나르도라고 읽어요.

휴대 전화에서도 단연코 한글이!

휴대 전화로 문자를 보낼 때 우리나라는 5초, 중국과 일본은 35초 정도 걸린대요.

휴대 전화 자판은 모두 12개뿐이어서 중국어로 문자를 보내기 위해 수만 자가 넘는 한자를 일일이 자판에 늘어놓는 건 불가능합니다. 중국 병음을 눌러서 그 발음에 해당하는 한자를 선택해야 하지요. 발음이 같은 한자가 보통 20자 정도 되기 때문에 눈을 크게 뜨고 잘 선택해야 해요.

일본도 알파벳으로 발음을 눌러 가나 문자를 불러와 선택해서 입력하지요. 게다가 문장 사이사이에 한자가 있어서 한자도 찾아야 해요.

반면, 한글은 창제 원리인 하늘(·), 땅(ㅡ), 사람(ㅣ)과 기본 자음 7자만 있으면, 다시 말해 10개의 버튼만으로도 충분하지요. 당연히 문자 입력 속도가 다른 언어보다 월등히 빠르겠지요? 또한 발음 기관을 본떠서 만들었기 때문에 음성 인식 기능에서도 탁월함을 보여 주고 있어요.

우리도 그래.

세종 대왕 문해상

유네스코에서는 1989년부터 해마다 글을 못 읽고 쓰지 못하는 사람들의 눈을 뜨이게 하는 데 애쓴 단체나 개인을 뽑아 상을 주고 있어요. 바로 '세종 대왕 문해상'이지요.

이 상은 훈민정음 창제에 담긴 세종 대왕의 숭고한 정신을 세계에 알리고, 문맹 퇴치를 위한 노력을 격려하기 위해 우리나라의 지원으로 제정된 뒤 해마다 시상되고 있답니다.

유네스코에서 주는 국제적 상 명칭에 세종 대왕이 쓰인 것은 한글이 가장 배우기가 쉬워서 글을 모르는 사람들을 일깨우는 데 좋은 글자임을 세계가 인정했다는 뜻이 아닐까요?

함께 맞잡은 반크와 국립 국어원

대한민국 사람이라면 누구나 독도가 우리나라 땅임을 잘 알고 있지만, 다른 나라 사람들은 그 사실을 잘 모르기도 하고, 일본이 자기네 땅이라고 마구 우기면 그렇게 생각할 수도 있어요.

이렇게 우리나라에 대해 잘못 알려진 것을 외국에 제대로 알리기 위해 노력하는 단체가 있어요. 바로 '반크'라고 하는 사이버 외교 사절단이에요. 1999년부터 잘못된 우리나라의 역사, 영토, 문화 등 갖가지 정보를 정확하게 알리면서 잘못된 점은 올바르게 고치도록 권하지요.

해외에 진출하는 청소년들을 대상으로 문화 외교 사절단을 선발하는 '21세기 광개토 태왕 양성 사업', 전 세계 교과서와 출판물, 사이트 등에 잘못 기록된 한국 정보를 바로잡는 '21세기 이순신 프로젝트', '한식 홍보 대사 양성 사업' 등 한국을 제대로 알리기 위해 애써오던 반크는 2009년에 우리말을 연구하고 조사하는 국립 국어원과 함께 뜻을 모아 '21세기 세종 대왕 프로젝트'를 시작하기로 했어요.

21세기 세종 대왕 프로젝트

국립 국어원과 반크는 세계의 유명 웹사이트, 교과서, 백과사전 등에 한국의 언어는 "한국어와 영어"라거나 "한국어는 일본어와 매우 유사하다."거나 "한글은 중국의 한자를 본떴다." 등 한글에 대해 잘못 소개된 내용들이 실려 있다는 것을 알았어요.

이에 '21세기 세종 대왕 프로젝트'를 시작하기로 했어요. 세종 대왕이 한글을 만든 깊은 뜻을 받들어 한글에 대해 잘못 알려진 정보를 바로 고쳐나가는 것이지요.

이를 위해 외국인들과 인터넷으로 친구를 맺어 한글을 배울 수 있도록 돕고, 인기 블로그나 동영상을 통해 한글과 세종 대왕에 대해 알리고 있습니다.

어린이들의 열정이 대단하군!

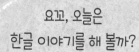

요꼬, 오늘은
한글 이야기를 해 볼까?

잘못된 한글 바로잡기
동영상 어때?

좋아! 난 블로그로
홍보할게!

　　수염도 없고, 곤룡포에 익선관은 쓰지 않았지만, 여러분은 21세기 세종 대왕입니다. 이런 일은 몇몇 사람만이 할 수 있는 특수한 일이 아닙니다. 전 세계적으로 뛰어난 천재 가운데 한 명으로 인정받은 세종 대왕을 선조로 둔 우리가 해야 할 일이에요.

　　전 세계에 한글의 우수함과 한글에 대해 올바른 정보를 알리도록 다 함께 애써 봐요. 그러면 곧 한글은 세계의 언어로 우뚝 설 거예요.

10. 현재와 미래를 위한 질문

최근 유네스코가 조사한 바에 따르면, 전 세계 64억 명 중에서 7억 7400만 명이 글을 읽지 못한대요. 이 중에 여성이 4억 명을 넘고, 1억 2300만 명이 15~24세의 젊은이들이래요.

또 초등학생 나이의 어린이 중 2억 5000만 명이 학교에 다니든 안 다니든 읽고 쓰는 능력이 부족하다고 합니다. 반면 우리나라는 전체 인구의 97.9%가 글을 쓰고 읽을 줄 알지요.

우리나라는 인구 98%가 글을 쓰고 읽을 줄 안다고!

실질 문맹률

세계적 언어 정보 제공 사이트 '에스놀로그(www.ethnologue. com)'에 따르면, 2016년 기준 한국어는 세계에서 12번째로 많이 사용하는 언어예요. 대한민국, 북한, 중국, 일본, 러시아 등 총 7개국에서 7730만 명이 사용한다고 해요. 더욱이 우리나라는 100명 가운데 2명을 빼고는 모두 한글을 읽고 쓸 줄 압니다.

하지만 글을 읽고 그 의미를 제대로 이해하지 못하는 사람들의 비율인 실질 문맹률은 OECD 국가 가운데 가장 높아요. 글을 읽을 줄 알지만, 그 내용을 이해하지 못한다는 거죠. 우리나라 사람들 100명 중 75명이 새로운 정보나 기술을 배울 수 없을 만큼 글을 이해하는 능력이 떨어진다고 합니다. 한글을 읽고 쓸 줄 안다고 해서 우리말과 우리글을 잘 사용한다고 할 수 없겠죠?

실질 문맹률은 OECD 국가 가운데 가장 높다니.

한글 전용과 한자 혼용의 격돌

1970년에 '한글 전용 정책(교과서와 공문서 등에 한자를 쓰지 않고 한글만 쓰는 것)'이 시행된 이후부터 국어 발전을 연구하는 학자들 사이에 한글만 쓰자는 의견과 한글과 한자를 같이 써야 한다는 의견이 나뉘어 팽팽히 맞서고 있어요. 한글 전용 정책을 두고 헌법재판소에서 격론이 벌어지기도 했답니다.

한자를 함께 써야 한다는 사람들은 《표준국어대사전》에 실린 약 51만 개의 단어 가운데 한자어가 57% 정도를 차지하고 우리의 고유어는 25% 정도밖에 되지 않음을 예로 들었어요. 우리말을 더 정확히 이해하려면 한자가 필요하다는 것이지요.

반면 한글만 써도 된다는 사람들은 굳이 어려운 한자를 쓰지 않아도 체험과 독서, 토론으로 단어의 뜻을 충분히 알 수 있다고 해요. 과연 어느 쪽이 한글을 사용하는 데 더욱 유리할까요?

한글만!

꼭 어려운 한자를
써야겠어요?
체험, 독서, 토론 등으로
단어를 얼마든지
이해할 수 있어요.

왜 우리말에는 유독 한자어가 많은 걸까?

부모, 형제, 독서, 세계, 인간, 우산, 진실, 평등, 노력 등 우리말에는 한자어가 꽤 많아요. 아마도 한자어를 빼고 이야기한다면 자기 뜻을 제대로 전달하기 어려울지도 몰라요.

우리나라는 삼국 시대 훨씬 이전부터 중국과 관계를 맺어왔어요. 또 삼국 시대에 받아들인 불교는 고려 때까지 나라를 이끌고 백성들을 하나로 모으는 강력한 힘을 발휘했지요. 이에 우리나라 선비들이 많이 읽던 중국의 옛 책에서, 불교를 받아들이면서, 《수호지》나 《삼국지》 같은 유명한 중국의 소설이 널리 읽히면서 한자어가 퍼졌어요.

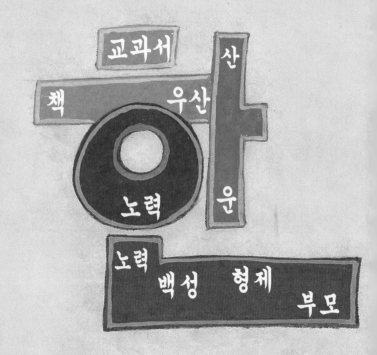

고체, 액체, 교과서 같은 일본식 한자어도 많이 쓰이는데, 동아시아에서 가장 먼저 서양의 영향을 받은 일본은 새로운 문물의 이름을 붙이는 데 자기들 문자보다 한자를 더 편하게 여겼어요. 다른 아시아 국가들이 이를 고스란히 받아들였기 때문에 일본식 한자어가 많이 쓰이고 있지요.

중국과의 오랜 관계 탓!

새로운 문물을 받아들일 때는 한자어로 이름 지어야 편해요.

불교의 영향도 크지요.

영어 공용화

현재 초등학교, 중학교, 고등학교에서 영어는 꽤 중요한 과목이에요. 영어를 잘하면 대학에 들어갈 때뿐 아니라 어른이 되어 회사에 취직하기도, 직장에서 일할 때도 유리하지요. 더욱이 영어를 잘하는 이들이 돈을 많이 벌고 성공할 가능성이 크다는 생각에 유치원을 다닐 때부터 영어를 가르치기도 한답니다.

영어를 한국어와 함께 또 다른 공식 언어로 사용하자는 '영어 공용화'가 제기되어 논란이 되고 있어요. 인도나 필리핀처럼 영어를 또 하나의 모국어로 사용하자는 거지요. 여기에도 영어 공용화를 거세게 반대하는 이들이 있어요. 그들이 반대하는 이유는 무엇일까요?

사실 영어는 다른 나라 사람과 이야기할 때 필요한 도구일 뿐이에요. 영어를 배우는 것보다 영어로 소통해야 하는 국가나 사람들이 속한 사회와 문화를 이해하는 것이 더 중요하지 않을까요? 영어 정보, 국제 정보, 세계 정보를 한글로 교환하는 일들이 먼저 이루어지면 어떨까요?

뭐라고?

안 돼!
영어는 도구일 뿐이야!

영어랑 한글이랑
같이 씁시다!

눈앞의 이익을 위한 선택과 포기

1855년 하와이에는 무역상들이 몰려들었어요. 그들은 영어로 물건을 사고팔며 어마어마한 부를 쌓았죠. 하와이 원주민들은 영어를 배워 무역상들처럼 잘 먹고 잘살고 싶었어요.

이에 하와이의 왕 카메하메하 4세는 이렇게 말했어요.

"많은 사람이 영어를 배우고 내 백성들이 이 언어로 교육받지 않는다면 지식을 쌓고 외국인들과 같은 대접을 받고자 하는 그들의 바람은 부질없는 것이 되리라고 확신한다."

그로부터 100년도 지나지 않아 하와이에는 하와이 어를 쓰지 않는 세대가 등장했고, 하와이 사람들은 여전히 돈은 많이 벌지도 못하고 허드렛일만 했어요. 200년이 지난 뒤 하와이 어는 완전히 사라질 위기에 놓이고 말았어요.

우리나라에서 영어가 곳곳에 자리를 잡기 시작한 지는 50년 가까이 됐어요. 만일 우리가 영어를 우리말과 더불어 공용어로 사용한다면 100년 뒤에 우리말과 우리글은 어떤 처지에 놓일까요?

눈앞의 이익만 생각하더니….

이랬다가 저랬다가 왔다 갔다

신문, 텔레비전, 인터넷 등 곳곳에서 정보가 넘쳐나고 있어요. 영어를 한국어와 함께 공식 언어로 사용해야 한다고 주장하는 사람들은 정보 대부분이 영어로 이루어져 있어서 영어를 모르면 정보의 문맹이 된다고 말하고 있어요.

또한 영어를 일상적으로 쓰면 교육의 효율이 높아지고, 사교육 비용도 줄일 수 있다고 주장하지요.

반면, 영어 공용화를 반대하는 사람들은 이렇게 말해요. 만일 50년 뒤에 중국이 지금보다 더 발전하여 중국어를 사용해야만 부자가 되고 성공할 수 있다고 한다면 영어 대신 한자를 되찾아야 할지도 모른다고 요. 그만큼 영어는 외국어이기 때문에 쓰임에 한계가 있고, 공용어로 사용하면 언어생활에 혼란과 낭비가 따른다는 말이죠.

여러분이 어른이 됐을 때는 어떤 언어가 세상을 주름잡고 있을까요? 영어일까요? 중국어일까요? 아니면 한국어일까요?

세종 대왕의 한탄

인터넷과 휴대 전화 기술이 발달하면서 우리글에도 많은 변화가 생겼어요. 줄임말로 표현하는 일이 흔하다 못해 일상이 됐고, 10년 정도만 나이 차이가 나도 알아듣기 어려운 새로운 표현들이 젊은 세대를 중심으로 속속들이 생겨나고 있어요.

한글 대신 외국어로 표현하는 일도 이젠 낯설지 않아요. 엉터리 외래어를 쓰는가 하면, 일본식 한자나 영어식 표현을 뒤섞기도 해요. 장애인을 비하하거나 성차별적, 인종 차별적 표현을 마구잡이로 쓰기도 하지요.

만일 세종 대왕이 살아 있다면 이런 현상을 보고 어떤 마음이 들까요? 우리말과 우리글이 병들었다며 눈물을 흘리지는 않을까요?

잘못된 말은 사람들의 기분을 상하게 하고, 오해로 서로 다투게 하며 크게는 사회적으로 혼란을 불러일으켜요. 틀린 말과 어려운 말은 올바르고 표현이 쉬운 말로 고쳐 쓰고, 거칠고 점잖지 못한 말은 고운 말로 바꿔 써야 해요. 이렇듯 우리말을 다듬는 일을 '국어 순화 운동'이라고 해요.

국어 순화는 어려워!

되도록 아름다운 우리 토박이말을 쓰면 좋겠지만, 하루에도 셀 수 없이 많이 등장하는 새로운 물건들과 문화 현상 등을 순수한 우리말로 표현하는 건 사실 불가능해요.

꾸준히 우리말로 다듬으려 노력하고 있지만, 월드 와이드 웹, 하이퍼텍스트 같은 컴퓨터 관련 용어나 외국어 등은 딱히 표현할 방법이 없답니다. 우리말은 말소리를 그대로 기호로 나타낸 소리글자이기 때문이죠. 각각의 말에 뜻이 있는 게 아니므로 외국어를 그대로 쓰거나 뜻글자인 한자의 도움을 받을 수밖에 없어요.

예를 들어 컴퓨터의 경우 중국어로 '電腦[디엔나오]'라고 해요. 전기나 전자로 움직이는 뇌라는 뜻이지요. 하지만 우리는 computer를 발음대로 한글로 적어요.

한때 컴퓨터에 '가나다', '생각틀'이라는 이름을 붙이기도 했어요. '생각틀'이라 부르면 전자 회로를 이용해 재빨리 척척 계산해 내고 정보를 처리하며, 알록달록한 색으로 글자와 그림이나 사진을 보여 주는 기계가 떠오르나요?

600년을 살아남은 한글의 미래는?

2000년을 지배해 온 한자를 극복한 한글은 광복 후 60여 년이라는 짧은 기간에 우리나라 국민뿐만 아니라 한류의 바람을 타고 외국인들에게도 자신의 존재를 확실하게 알리고 인정받았어요.

그러나 최근 들어 한자 혼용과 영어 공용화의 바람을 타고 한글의 자리가 위태위태합니다. 더욱이 우리가 태어나면서부터 배우고 쓴 우리말을 제대로 사용하지 못해서 알게 모르게 사라지는 말들도 있지요.

한편에서는 애국심을 내세우며 한글의 장점만을 드러내려고 해요. 부족한 점을 깨달아야 한글이 더 발전하도록 연구하고 개발할 수 있는데, 남이 해 준 칭찬에 오히려 한글에 무관심해지는 건 아닌지 모르겠어요.

과연 한글은 100년 뒤 1000년 뒤 1만 년 뒤에도 살아남을 수 있을까요? 앞날은 누구도 확신할 수 없기에 정답을 이야기할 수는 없어요. 단, 확실한 건 여러분이 이 책을 읽고 나서 한글에 대해 어떤 생각을 하고 어떻게 실천하느냐에 달려 있다는 거예요. 여러분 스스로 해답을 찾아보길 바라요.

한눈에 보는 한글의 역사

한글은 우리의 자랑이자 우리 민족의 힘이에요. 한글이 어떻게 우리글로 성장했는지 살펴보아요.

1443 훈민정음 창제. 언문청(정음청) 설치.

1446 훈민정음 반포.

1447 《용비어천가》, 《석보상절》, 《월인천강지곡》 펴냄.

1452 불교 서적을 간행한다는 이유로 언문청(정음청) 폐지.

1459 《월인석보》 편찬.

1481 《삼강행실도》를 한글로 펴냄.

1504 연산군이 언문 사용 금지령을 내림.

1527 《훈몽자회》 편찬.

1608 허준 한글 의학 책 《언해태산집요》 펴냄.

1608~1612 허균 우리나라 최초의 한글 소설 《홍길동전》을 펴냄.

1670 장씨 부인 한글 요리책 《음식디미방》 펴냄.

1755 최초로 순 한글로 펴낸 《천의소감언해》 간행.

1877 영국인 존 로스 《조선어 첫걸음》 씀.

1882 박영효 우리나라 최초로 띄어쓰기가 된 문헌 《사화기략》 씀.

1889 미국인 호머 헐버트 우리나라 최초의 한글 전용 교과서인 《ᄉᆞ민필지》 펴냄.

1894 고종이 칙령을 내려 한글을 공식 문자로 선포함. 한글에 '국문'

이라는 이름을 붙임.

1896 〈독립신문〉 창간.

1906 우리나라 최초의 신소설 이인직의 《혈의 누》 등장.

1907 한글을 연구하는 '국문연구소' 설립.

1908 주시경이 '국어연구학회' 설립.

1910 국권 피탈.

1911 우리나라 최초의 국어사전 《말모이》 편찬 시작.

1926 '가갸날' 제정.

1928 '가갸날'을 '한글날'로 바꿈.

1933 조선어학회 '한글 맞춤법 통일안' 발표.

1937 우리말 교육 완전 폐지, 조선어 사용 금지.

1940 《훈민정음 해례본》 발견.

1945 광복.

1949 공병우 박사 고성능 한글 타자기 발명.

1953 이승만 대통령의 한글 간소화 파동.

1957 《큰사전》 6권 모두 출간.

1988 최초로 한글 전용과 가로쓰기로 통일하여 〈한겨레〉 발행.

1991 '한글날'을 공휴일에서 제외함.

1997 《훈민정음 해례본》 유네스코 세계 기록 유산으로 지정됨.

2005 북한과 《겨레말큰사전》 편찬 시작.

2008 상주에서 또 다른 《훈민정음 해례본》 발견.

2013 '한글날' 공휴일로 다시 지정됨.